和食の教科書

ぎをん 丼 手習帖

森川裕之 著

吉井 勇筆「かにかくに　祇園はこひし寝るときも　枕のしたを水のながるる」

浜作〝丼〟事始め

「なるほど、若い間こそ船来物の美術や文学に興味を持つが、長い一生を通じてそういう期間はせいぜい十年か二十年、年齢でいえば十五、六歳から二十五、六歳、ないし三十五、六歳までであって、初老の域に達する頃から追い追い東洋趣味に復《かえ》る。それはなぜかというと、外国の物はいくら面白くてもやはり何処かよそよそしいところがあるから、アット・ホームな心持ちでもたれかかる訳に行かない。（中略）

いわば餘所へお客に呼ばれて、堂々たる西洋間で洋食の御馳走になるのと同じく、料理も旨いし結構には違いないがあとで一杯のお茶漬けが恋しい。ゾラとかバルザックとかいうようなものは、御馳走中の御馳走であって、雁の肝、牛の脳味噌、豚の赤ん坊、その他山海の珍味を集め、オール・ドゥブルからデザートまで何十種という皿数が出るので、これだけのものをよくも拵えたものだと思い、またこれだけのものを是非とも食わされるのかと思うと、われわれはまずメニューを見ただけで憂鬱になり、重曹やジアスターゼを用意してかかる。すべて、豪奢壮麗なものは見てびっくりはするけれども、心からそれに親しむという気になれない。立派な絨毯や暖炉棚のある部屋に通されれば、何となく不安で、窮屈で、もっと質素な、浴衣がけで寝ころばれるような部屋がなつかしくなる。」

――引用　谷崎潤一郎『藝談』

これは世の中のありとあらゆる美しいもの、美味しいもの、即ち「人生の甘い果実」を思う存分、玩味され尽くした達人・谷崎潤一郎先生ならではの誠に含蓄ある文章でございます。私はこの文章に深く心を打たれるところがございました。

御贔屓皆々様にはご機嫌麗しく、心よりお慶び申し上げます。

『愛蔵版 和食の教科書 ぎをん献立帖』がおこがましながらご好評を博しましたこと、ひとえに皆様のお陰と厚く御礼申し上げます。お陰様で前作では、我が浜作三代に亘っての歴史と定番の一品料理の数々を誠に手前味噌ながらご披露申し上げました。その中で特製親子丼五種変わりを取り上げましたところ、望外にも方々より中々のご好評を頂戴しました。そこで今回は思い切って、板前割烹としては本来裏メニューである〝丼〟という日本独特の食べものに焦点を絞りました。

とかく〃丼〃というとその語韻をも含めて、「腹持ちはよい」が「不粋」で「野暮」な男の食べものという印象を持たれております。しかしながら、素材の選び方や盛り付け方、また器との組み合わせなどに特段のセンスを加味すれば、その汚名をも雪《すす》ぐこと必定であります。この度のこの試みは私の料理道におきましても、新鮮な挑戦の一頁となることと思います。今までは、御馳走としては意識していなかった〃丼〃が瀟洒な一膳となるべく、浜作風の創意と板前割烹の「魁」としての工夫をめぐらしました。またこれに、今年で丸三十一年、通算二五〇〇回を超える料理教室での経験が大いに役立ちました。

「料理は単純な方がよい」という小林秀雄先生の名言を念頭に、ご家庭でも入手し易い素材を基本として一話完結の短編のように最適のお汁や小品を組み合わせました。

何事においても時間的、また、経済的制約がある現代において、本来最も効率のよい優れた日本料理である〃丼〃を、この本を機に再認識して頂きまして、日々のご食卓にご活用が叶いますれば不肖私の幸甚といたすところでございます。

京　ぎをん

三代目浜作主裕之

岸田劉生　画賛「四時有甘」
岸田劉生先生は吉井勇先生とご一緒に、よくご来店頂きました。その時の歌が残されております。
「伽羅の香も酒のにほひもこの墨の中にこもりてありと思へや」――吉井　勇

四季の豪華丼

春

「春は花　いざ見にごんせ東山
　色香あらそう　夜桜や」

『京の四季』の冒頭の一節でございます。祇園町のお茶屋さんの御座敷で、金屏風や銀襖を背にして色とりどりの衣装にだらりの帯を締めた舞妓・芸妓の京舞は、ある意味、京情緒を最も色濃く伝えるものであります。中でも花見時分の心浮き立つ気分を、この唄は実によく言い表しております。

しだれ桜の紅をイメージして、伊勢海老を豪快に盛り付けました。その力強さに比肩するのは、ちょうど旬を迎える京都・西山の筍でございます。池田遙邨先生の春の里山をバックに、これまた鮮やかな魯山人先生のお鉢を合わせました。

※作り方は170頁参照

伊勢海老と筍の寿老丼

魯山人造 赤絵海老鉢
池田遙邨画「大原春風」

河井寛次郎造 黒釉片口
福田平八郎画「西瓜胡瓜」

鮑とじゅんさいのさざ波丼

夏

「夏は来ぬ　涼しき色のもの恋ひし
円山の灯よ　君が瞳よ」

終生、京都・祇園を愛され、数多くの歌を詠まれた吉井勇先生には、私ども浜作も大変御贔屓を頂戴いたしました。もうじき九百十九回を迎えます、月一回の「浜作会」という美食を楽しむ会のメンバーにもなって頂きました。

六月十五日の衣替えの日に、初代女将である祖母が先生から頂きました扇面をカウンターに掛けますのが、毎年の習いでございます。

福田平八郎先生即興の水墨に、河井寛次郎先生の同じく黒の片口を合わせました。

※作り方は170頁参照

紅葉ふきよせ丼

川喜田半泥子造 黄瀬戸茶碗
山口華楊画「蔦紅葉」

秋

「桐一葉　日当りながら　落ちにけり」
高浜虚子

秋は京の町の色合いを最も実感する季節でございます。薄紅一色の桜と違い、ありとあらゆる色彩が三方の山を装い、見飽きることがございません。そのすべてが主張し過ぎることはなく節度を守って、誠に品のよいハーモニーを奏でております。

「一葉落ちて天下の秋を知る」

もうじき役目を終える葉っぱが最後の輝きを放つこの時は、誰しも哀愁万感、胸に迫り、京都が最も京都たる瞬間であります。山口華楊先生の「蔦紅葉」の絵は、その時の空気を余すところなく描ききっておられます。

また、それに溶け込むような、誠に慎ましやかで品のよい川喜田半泥子先生のむっくりとした黄瀬戸の片口に、その秋の景色を表現いたしました。

※作り方は170頁参照

冬

鴨と九条葱の丼

「降り積もる　深雪に耐えて色変へぬ
　松は雄々しく　人もかくあれ」

昭和天皇の御製であります。日本民族の歴史において、常に色を変えない松は弥栄の永続を表す象徴として、最高位の格式を保ってまいりました。

「松寿翠千年」
「松風満古今」

お正月の茶家の床の間の一幅には必ず、この「松」の一字を見ることができます。冬の厳しい寒さと共にこういう字や絵を拝見すると、何か大変身の引き締まる思いでございます。

伊砂利彦先生の代表作である、この松の二枚折れは、先生から直接頂戴したものでございます。誠に威厳を保ちながらも、優しく寄り添うような先生のお人柄を彷彿させる作品です。

河井寛次郎先生の珍しい練上鉢に、李朝の敷台を組み合わせました。さすがに寛次郎先生の作品は存在感があり、凛々しい雄姿が際立っております。

※作り方は170頁参照

河井寛次郎造 練上鉢
伊砂利彦染色「松」

和食の教科書 ぎをん丼手習帖

目次

第二章 ぎをん季節の御馳走丼……53

第三章 丼いろいろ……103

第四章 御贔屓丼……139

八坂鳥居前時代（2003-2021）の本店の佇まい

第一章

親子丼尽くし

親子丼 二十の変奏曲

吉田眞理子画「オリーブ」

『本庄様お好み親子丼』

皆様ご案内の通り、京の町ほど、いわゆる「名物」が多いところは他にございません。十代、十五代を数えて、創業二百年、三百年を越える老舗が現在でも立派に隆盛なさっております。それを可能とした大きな要因の一つが、それぞれのお店にはそれぞれのこの「名物」というものがあり、長年に亘っての生存競争の中、確固たる棲み分けができ、今日に至っているものだと私は思っております。

我が浜作の「名物」は何であるか。例えば、「いづう」さんの鯖寿司や、「大市」さんのすっぽん、「瓢亭」さんの瓢亭たまご、「平野家」さんのいもぼう、等々というようなものがあるだろうか。というと、当主である私でさえもすぐには思いつきません。

そこで、ふと思い当たりましたのが、うちの店には、店の名物があるのではなく、御常連のお客様それぞれにとってのお好み＝「名物」があるという考えでございます。

すなわち、長くお通い頂いている間にそのお客様のお好みもだんだんとコンセントレートされ、ある一定の御趣向の方向が自ずから形成

新庄貞嗣造 萩焼茶盌
（伊藤園 本庄八郎蔵）

され、その結果、ご来店の度には必ず御用命頂くという一品ができてまいります。このとき初めて、その一品がそのお客様にとっての、浜作の名物に成り得るということでございましょう。

　創業者の祖父、二代目の父が揃って常々、「板前割烹というものは、こっちが出したいお料理を出すのではなく、お客様が召し上がりたいものをお出しするのだ。決してお客様に自分の料理を押し付けてはいけない」と口を酸っぱくして申しておりました。

　その父が五十八歳で早世し、早くして三代目を継ぎ、カウンターに立たせて頂きました。その頃はまだ、明治生まれの大社長や、文豪・大家の先生方が連日のようにご来店なさり、個性際立つご注文を頂きました。駆け出しの青二才にとりましては毎日が針の筵で、その難しいご注文に到底ご満足のいく対応をとれる筈がございません。細部に亘って味のお好みや盛り付けに厳しくご指導頂いたこと、今も鮮明に記憶し、心から感謝いたしております。

　あの巨人たる方たちには、はっきりとしたお好みがございました。文豪、谷崎潤一郎先生は鱧、川端康成先生は鯛のあら炊き、また、関西財界の巨頭、近鉄の佐伯会長様は、必ず天丼をご注文なさいました。それは活の天然の車海老を七本も盛り付けた超弩級のボリュームがあり、また味付けも東京風の甘辛味でしたが、八十歳を超えた会長様はこれをぺろりと召し上がり、「天丼はこれでないと食べた気がせえへんなぁ」と必ず仰いました。

　今でも御常連のお客様には、できる限りお好みに合わすように心掛けております。細川護熙先生は必ず胡麻豆腐をご所望になりますし、中村吉右衛門先生のご予約が入りますと、必ず、鴨ロースをご用意しておかねばなりません。また、ご飯の時には、〝このわた〟を、といった具合に……。しかしながら、お客様と店側との阿吽《あうん》の呼吸は、一朝一夕では築くことができません。やはり数年、十回ぐらいはお越しにならないと、なかなかしっくりと思い図ることはできないものでございます。

　伊藤園さんの会長であられる本庄様は、殊の外、この親子丼がお好きでございます。元々手前どもは祇園町に店を構えております関係上、「富美代」さんや「一力」さんなどのお茶屋さんへの出前も長く勤めさせて頂きました。特に旧本店のお隣でございました「富美代」さんには、毎日のようにお料理をお運びさせて頂きました。

　お茶屋に上られるような財界人や名士の方たちは連日の宴会料理で皆様、食傷気味でおられます。そういう時にアラカルトとして親子丼を持ってあがりました。ワコールの塚本社長様の時が初めてだと思います。その様子をカウンターでご覧になった本庄様が「それは美味しそうですね。私も次回には是非」と仰いました。

　本庄様は「老分」というお立場で、裏千家今日庵様の重鎮でおられることもあり、京都へのご出張も度重なります。もう何十年にも亘り、お料理の最後の〆はこの親子丼と決まっております。会長様のご予約が入りますと、さて、次はどのような親子丼にしようかと苦心いたします。都合、五十種以上はお作りしたでしょうか。

　前回ご来店の時、「会長、さすがに親子丼のタネも尽きました。これからは会長のお好みの組み合わせのパターンをお申し付けください」と言上したところ、「今まで色々ご苦心くださり有難うございました」と深々と御礼を申され、「こういう風な組み合わせで作って頂けますか」と仰いましたのが、このお丼でございます。

　これを「本庄様お好み親子丼」とさせて頂こうと存じております。

※作り方は171頁参照

『親子丼話』

親子丼とはよく名付けたもので、その語韻といい、漢字から受ける印象といい、誠にふんわりとした親しみある呼称でございます。もちろんその発祥は明治維新以降で、猫も杓子も文明開化の風潮に乗って西洋化の大きな波に乗り遅れまいと懸命に走り続けていた時代に、まだまだ江戸情緒を色濃く残す東京下町で生まれました。

鶏と卵と申しますと、今では極ありきたりの素材となりましたが、少なくとも三十～四十年前まではなかなかの贅沢品でありました。ここ百年の食材の相対的価値観の中で卵ほど入手しやすくなったものは他にはございません。古くからその高い栄養価は、まさに滋養強壮の妙薬として大変貴重なものでありました。

元来親子丼は、軍鶏鍋もしくは鶏鍋を甘辛の割下で味わった後、お鍋に卵をとじ入れ、ご飯にかけたものが原型と言われております。鶏鍋から生まれた副産物でありまして、まったく正規の一品ではございませんでした。今で言う、いわゆる裏メニューといったところでしょうか。しかしながらその最良の組み合わせから来る、格別の味わいを多くの食通が尊び、改良を重ねて現在の完成された形となりました。全国津々浦々、この親子丼の料理法には千変万化＝無数の料理法が存在いたします。

愛蔵版の『ぎをん献立帖』では五つのバリエーションをご披露いたしました。この二つの素材だけで同じものを二度と出さず作り続けることは、料理の永遠の命題のようで、どれだけ勉強になったか分かりません。ご家庭でも材料は奇を衒《てら》った珍しいものを求めるのではなく、あり触れたものを工夫を凝らして考えを巡らせ、食卓を豊かにすることが何よりも本筋であると考えております。今回は「親子丼 二十の変奏曲」と題しまして、二十品をご披露いたします。

鶏は煮るだけではなく、焼く、揚げる、蒸す、炒めるなど調理法を変えることにより、まったく別趣のものと成り得ます。卵もまったく同じことが言えます。皆様には飽くなき好奇心をもって、この組み合わせ方をお考え頂きますと、誠に楽しい丼の妙味が生まれることと存じます。

正調親子丼

この本の第一主題となります、
最もスタンダードな親子丼であります。
京・大阪では、やはり親子丼といえども
元のお出汁が肝要となります。
鶏肉、卵ともども、
火の通り具合＝熱の加え方には
細心の注意を払わねばなりません。
召し上がる時に
すべてが渾然一体となってこそ、
理想の親子丼と言えるでしょう。

河井寛次郎造 三彩碗

正調親子丼

〈材料〉4人分

鶏もも肉…1枚（そぎ切り20枚）

「材料の鶏肉は脂分があるもも肉が最適です。調味料に頼らず出汁の味に鶏の風味を加えて味付けするため、むね肉では淡白過ぎる仕上がりとなります」。

全卵…8個　卵黄…4個

美味出汁（172頁参照）…320cc

丼つゆ（下記参照）…64cc

三つ葉（ざく切り）…1束

熱ご飯…小丼4杯分

花山椒（42頁参照）

〈作り方〉

一、鶏肉を切る

1　鶏肉は縦半分に切る。

「鶏肉は、ラップに包んで15分ほど冷凍庫へ入れ、3割くらいフリーズさせると切りやすくなります」。

2　足の先を左側（胴を右側）にして皮目を下にし、左から斜めに薄くそぎ切りにする。

「斜め45度に切り、もも肉の強い繊維を断絶することで、身が引きつったり、硬くなり過ぎることを防ぎます。皮と身が2：8くらいになり、皮が前面に出ず食べやすくなります」。

※写真はイメージです

丼つゆ

少し手間はかかりますが、あらかじめ丼つゆをご用意頂きますと、格段に美味しく、また、あまり失敗することなく、それぞれの丼を作ることができます。お試しくださいませ。

【材料と作り方】

1　鍋に濃口醤油、みりん各600cc、酒200ccを合わせ、沸かしてから冷ます。

2　別の鍋に水2ℓ、出汁昆布20gを入れて、60℃で1時間煮出す。そこにメジカ節（宗田節）50gを入れてさらに20分煮出す。

3　①の冷ました調味料と②の出汁を合わせ、ザラメ60g、たまり醤油50cc、上白糖30gを加え、約2時間ゆっくりと煮詰める。全体量が⅔程になったら火を止めて一晩寝かせる。

4　翌日、酒200cc、みりん70ccを加え、もう一度火を入れてから冷ます。

5　もう一晩寝かせ、冷えた状態で味を見て、味のバランスを調整する。

「詰まり過ぎていれば、酒を足すか、使う時に出汁を足します。甘さが気になれば濃口醤油を、逆の時はみりんを足して調整してください」。

二、1人分ずつ煮る

3　鍋に美味出汁と丼つゆを注ぎ、強火で2～3分火にかける。
「火にかけている時間が短いので、あらかじめ合わせた煮汁を使った方が、味が均等に仕上がります」。

4　表面がぐつぐつしてきたら鶏肉を並べて入れて煮る。

5　鶏肉が膨れてきたら裏返す。

6　アクは丁寧に取り除く。

三、卵でとじる

7　全卵は黄身と白身が完全に混じり合わないように、加減をして溶き合わせる。
「卵を細かくかき混ぜ過ぎると、半熟のとろりとした食感が失われてしまいます」。

8　鶏肉に火が通ったら、卵を回し入れ軽く混ぜる。

9　三つ葉を散らす。

四、盛り付ける

10　器に熱ご飯を盛って真ん中にくぼみを作る。

11　⑨を鍋から滑らせるように移し入れる。

12　中央に卵黄を盛り込む。

13　花山椒を添える。

甘辛 江戸風親子丼

親子丼のルーツはお江戸の「玉ひで」さんと聞き及んでおります。
京風の親子丼が円窓とすれば、
この甘辛仕立ては方角窓と言えましょう。
輪郭がはっきりとした味付けで食べ応えがございます。

【材料】 4人分
鶏むね肉…1枚
鶏もも肉…¾枚
全卵…8個　卵黄…4個
丼つゆ（18頁参照）…220cc
美味出汁（172頁参照）…30cc
砂糖…ひとつまみ
熱ご飯…小丼4杯分　実山椒（42頁参照）

【作り方】
1　鶏肉はそれぞれそぎ切りにする。
2　鍋に丼つゆ、美味出汁、砂糖を加え、鶏むね肉を入れて強火で3分煮る。
「正調親子丼に比べ調味料の量が多いので、脂分の少ないむね肉の方が仕上がりがしつこくなりません。むね肉を先に煮込むことにより味に奥行きができ、むね肉の存在感が出ます」。
3　鶏もも肉を入れ、2分煮る。
4　鶏肉に火が通ったら、全卵と卵黄を黄身と白身が完全に混じり合わないように溶き合わせ、回し入れて軽く混ぜる。
5　器に熱ご飯を盛り、④をゆすりながらのせる。実山椒を添える。

叶 松谷造 赤絵金散らし碗

唐揚げ親子丼

叶 松谷造 呉州飛龍紋鉢

お子様たちや若い方に大人気の鶏の唐揚げに、とろとろ卵を組み合わせました。
このコントラストこそ、この丼の醍醐味です。
衣に工夫をして、
パリッとカラッと揚げることがポイントとなります。

[材料] 4人分

鶏唐揚げ
　鶏もも肉…1枚
　塩、胡椒、片栗粉、小麦粉、揚げ油…各適量
全卵…8個　卵黄…4個
丼つゆ（18頁参照）、
　美味出汁（172頁参照）…各200cc
三つ葉（ざく切り）…適量　熱ご飯…小丼4杯分
花山椒（42頁参照）

[作り方]

1　**唐揚げを作る。** 鶏肉は薄くそぎ切りにし、塩、胡椒をする。水気が出てきたら片栗粉をまぶし、5〜6分おく。小麦粉を付けて1分おき、160℃の油でじっくりとカラカラになるまで揚げる。

「片栗粉をまぶしてから数分おくと、しっかり吸着し、余分な水分が浸潤してきます。その水分でさらに小麦粉を密着させると、衣がはがれません」。

2　鍋に丼つゆ、美味出汁を入れて強火にかけ、煮立ってきたら、全卵と卵黄を黄身と白身が完全に混じり合わないように溶き合わせ、回し入れて軽く混ぜ、三つ葉を散らす。

3　器に熱ご飯を盛り、①の唐揚げをのせる。②をゆすりながらのせ、花山椒を添える。

三色丼

桜吹雪の春爛漫の器でお花見気分を演出いたします。
盛り方として、卵は全体の半分、
残りの半分に鶏そぼろと海老おぼろを等分に盛ると
見た目のバランスがよくなります。
お花見弁当など、折詰にして頂いても洒落たお弁当になります。
こういうものは、どうしても美味しくしようとするあまり
三つともに十分に味を付けてしまいがちとなります。
結果、それがくどさやしつこさを生みます。
そこで、鶏そぼろ、海老おぼろにはしっかりと味を付け、
卵は薄味におさえると、
味にコントラストが生まれ、後味に快さが残ります。

【材料】4人分

煎り卵
全卵…4個　卵黄…1個
出汁（47頁参照）…大さじ1　みりん…小さじ2
薄口醤油…小さじ1　塩…小さじ½
サラダ油…小さじ1
砂糖、塩…各少々

鶏そぼろ
鶏ミンチ（鶏ひき肉）…250g
酒…100cc　みりん…25cc
たまり醤油…20cc　砂糖…小さじ2
しぼり生姜、薄口醤油…各適量

海老おぼろ
海老…中8尾
酒…70cc　みりん…30cc
砂糖…小さじ2　しぼり生姜…適量

熱ご飯…小丼4杯分　木の芽

【作り方】

1 **煎り卵を作る。**全卵をボウルに割り入れ、卵黄も加える。よくかき混ぜて、塩、薄口醤油、みりん、出汁を加えてよく馴染ませる。
「卵は調味料を加えてから10分程おいた方が、味がよく馴染みます。逆を言えば、調味料を加えた後すぐに料理すると味にムラができてしまいます」。

2 フライパンを中火で熱し、サラダ油を加え、軽く煙が上がったところに卵液を流し込み、素早くヘラでかき混ぜながら火を通す。
「卵がだんだんと細かくなっていきます。この時、火加減を微妙に調節しなければ焦げてしまいます」。

3 均等に細かくなってきたら、ほんの少しの砂糖と塩を加え、さらに煎る。
「表面を砂糖でコーティングすることで、パ

叶 松谷造 黒釉花吹雪碗

サつきを防ぎます。粒子の不均等が気になる場合は裏ごしすると品よく仕上がります」。

4 **鶏そぼろを作る。**鍋に鶏ミンチ、酒、みりんを加え、ほぐしながら中火で一度沸騰させる。水30cc（分量外）を加え、再沸騰したらアクを取り、しぼり生姜を加え臭みを消す。
「酒より水の方が軽いので、アクを含んだ水が浮き上がります。これを取ることで酒の分量を減らさずに済みます。また、アクを取る前にしぼり生姜を加えると、せっかく加えた生姜を取り除くことになり、生姜の効果が半減してしまいます」。

5 たまり醤油、砂糖を加え3分煮る。ザルを重ねたボウルに移し、煮汁とそぼろを分ける。煮汁を鍋に戻して中火で半量まで煮詰め、薄口醤油で味を調える。そぼろを戻し、汁気がなくなるまで混ぜながら煮詰める。
「鶏を火にかけ続けると、身から旨味も脂も抜け、カスカスになってしまうため、煮汁だけを煮詰めてもう一度合わせるという作業が必要になります」。

6 **海老おぼろを作る。**海老の皮をむき、背開きにして背ワタを取り、よく水洗いしペーパータオル等で水気を除く。

7 ⑥をフードプロセッサーで細かく砕き、酒、みりん、砂糖を加え、よく攪拌する。鍋に移し中火にかけ、しばらくするとアクが出てくるので、鶏そぼろと同じく水（分量外）を加えてアクを取る。その後しぼり生姜を加え、中火から弱火に落とし、粒子が細かくなり水分がほとんどなくなるまで煎り煮にする。
「あまりカラカラに煎り過ぎるより、少ししっとり具合にした方が美味しく仕上がります」。

8 器に熱ご飯を盛り、③の煎り卵、⑤の鶏そぼろ、⑦の海老おぼろをのせ、木の芽を添える。

鶏まむし 温泉卵のせ

本来京都では〝まむし〟とは鰻丼のことを指します。
東京では、白焼きにした後しっかり蒸して、
つけ焼きにするという過程によって自然と鰻が柔らかくなります。
しかし、京・大阪では蒸さず、最後まで直火焼きにするため、
どうしても鰻が硬くなってしまいます。
ゆえに熱ご飯の間に身を挟み、蒸らして柔らかくして食したのが、
いわゆる「間蒸し」の語源でございます。
今回は鰻を鶏に置き換え、召し上がりやすいようにひと工夫いたしました。

【材料】4人分

鶏むね肉…1枚
卵…4個
鶏たれ［酒400cc　みりん100cc
濃口醤油60cc　薄口醤油20cc　砂糖30g］
塩、焼海苔…各適量
熱ご飯…小丼4杯分

【作り方】

1 **温泉卵を作る。**蓋付きの鍋に1ℓの湯を沸かす。沸騰したら、鍋を火から下ろして200ccの水（分量外）を入れ、卵を静かに入れる。蓋をして12分余熱で火を通し、すぐに取り出して3分おく。

2 **鶏たれを作る。**鍋に酒とみりんを入れて加熱し、アルコールをとばす。濃口醤油、薄口醤油、砂糖を加え、二割程煮詰め、味を見て調節する。

3 **鶏肉を焼く。**軽く塩をした鶏に串を刺し、皮目からしっかりと焦げ目が付くまで焼く。

「鶏肉にあらかじめ塩をすることにより下味が付くので、鶏たれによる上味だけで味を構成するよりも、より軽く、奥行きのある味わいが楽しめます」。

4 きつね色になったら裏返し、身側をこんがり焼く。鶏たれを刷毛で塗り、火を弱火にして、つけ焼きにする。

5 ④の鶏肉を串から外してほぐし、②のたれにつけて、2～3㎜幅に切った海苔をまぶす。

6 器に熱ご飯を盛り、⑤の鶏肉、①の温泉卵をのせる。

叶 松谷造 仁清色絵楽器文碗

叶 松谷造 色絵金蘭蘭絵碗

親子そぼろ丼

そぼろは温かくても冷めても美味しく頂けます。鶏の臭みを封じ込めるように、たっぷりと生姜を使い、はっきりとした味付けを目指します。お弁当にも最適です。

【材料】4人分

鶏ミンチ（鶏ひき肉）…500g
卵黄…4個
酒…400cc　みりん…100cc
しぼり生姜…小さじ1　砂糖…小さじ½
たまり醤油…大さじ1　濃口醤油…小さじ1
熱ご飯…小丼4杯分　針柚子

【作り方】

1 鍋に酒、みりんを入れ、鶏ミンチを加えて強火にかける。

2 混ぜながら煎り、沸騰してきたら差し水（分量外）をする。再沸騰したらアクを取る。「水を足してからアクを取ると、酒、みりんを無駄にすることがありません」。

3 しぼり生姜、砂糖を加えて2分煮、たまり醤油、濃口醤油を加えて1分煮る。ザルを重ねたボウルにあけ、そぼろと煮汁に分ける。「そぼろは初めから最後まで炊きっぱなしにすると、どうしてもパサついてしまいますが、煮汁だけ煮詰めることで、しっとりと仕上げることができます」。

4 煮汁は鍋に戻し、火を弱めて半量になるまで煮詰める。

5 ④にそぼろを加えて強火にし、焦げ付かないように混ぜながら煎り付ける。

6 器に熱ご飯を盛り、⑤をのせる。中心にくぼみを付けて卵黄をのせ、針柚子を添える。

蒸し鶏と錦糸卵の親子丼

鶏は蒸すことによって余計な脂を落とすことができ、
さっぱりと仕上がります。
まさにダイエットには最適です。
胡麻だれを別添えに、中華の定番である棒々鶏の趣です。

【材料】 4人分

蒸し鶏
鶏肉笹身…3本　酒…大さじ3
出汁（47頁参照）…大さじ1
薄口醤油…小さじ1
しぼり生姜、塩…各少々

錦糸卵
全卵…2個　卵黄…1個　塩…少々

胡麻だれ［当たり胡麻40g
土佐酢（172頁参照）30cc
薄口醤油6cc　砂糖10g
出汁20cc］

熱ご飯…小丼4杯分
帯三つ葉　ふり柚子

叶 松谷造 乾山写白梅絵碗
穎川写赤絵片口小鉢

［作り方］

1 **蒸し鶏を作る。** バットに鶏肉を並べ、軽く塩をして酒をふり、ごく弱火の（辛うじて蒸気が上がっている程度の）蒸し器で15分程蒸す。

2 笹身が少し冷めたら、丁寧に繊維に沿ってほぐす。ボウルに移し、出汁、薄口醬油、しぼり生姜を合わせたものをよく絡める。

3 **錦糸卵を作る。** 全卵と卵黄を合わせてよく溶き、塩を加えて漉す。中火で熱した卵焼き器に卵液をできる限り薄く流し入れる。全体に火が通ったらお箸を鍋肌と卵の間に差し入れ、静かに持ち上げるようにお箸の位置を移動して回転させながら裏返す。もう片面にも火を通す（これを錦紙卵という）。
「卵を焼くというよりは余熱で固めるといった具合です。温度が高過ぎると焦げてしまうので、濡れ布巾に底を当て、粗熱を取るとよいでしょう」。

4 3㎝幅の帯状に切り揃え、できる限り細く刻む。

5 **胡麻だれを作る。** ボウルに当たり胡麻と土佐酢を入れ混ぜ合わせ、その他の材料を加えて混ぜ、味を調節する。

6 器に熱ご飯を盛り、②の蒸し鶏、④の錦糸卵をのせ、帯三つ葉を飾る。ふり柚子で香りを添え、別猪口に⑤の胡麻だれを入れて添える。

鶏の鍬焼きほろほろ卵丼

鍬焼きにすることで、鶏の旨味を逃さず、また、パサつきを生むことなくとろっとした食感に仕上がります。甘辛い鶏と卵のニュートラルな味わいが食欲をそそります。

【材料】 4人分

鶏もも肉…1枚
卵…8個
青唐辛子…8本
酒…大さじ8
丼つゆ(18頁参照)…200cc
サラダ油、片栗粉、小麦粉…各適量
熱ご飯…小丼4杯分　粉山椒

【作り方】

1 **ほろほろ卵を作る。** 熱したフライパンにサラダ油をひき、よく溶いた卵液を流し入れ、箸で切るように攪拌する。

2 **鍬焼きを作る。** 鶏肉は薄くそぎ切りにし、片栗粉、小麦粉を付ける。フライパンを熱して、サラダ油をひき、両面焼く。
「この時点での鶏肉は表面をパリッと強火で焼き、香ばしさを出す程度に火の通りを七分目くらいにしておきます」。

3 青唐辛子はヘタを除いて串に刺し、強火で焦げ目を付けるように焼く。
「〝焦がすこと〟と〝焦げ目を付けること〟は明らかに違います。焦げ目を付けると香ばしさという利点を生むことができ、焦がしてしまうと明らかな失敗作となります。その見極めが肝心です」。

4 ②の鶏肉を水で洗い、水気を軽く取り除く。
「意外とお思いでしょうが、フライパンごと流水で水洗いして余計な脂を落とします。こうすると脂っぽさがなくなり、すっきりと仕上げることができます。また、粉を付けることで自然と煮詰める時にとろみが出ます」。

5 ④に酒、丼つゆを入れる。煮立ってきたら、③を入れて1～2分煮、鶏肉と青唐辛子を取り出し、たれを煮詰める。

6 器に熱ご飯を盛り、⑤の鶏肉、①の卵をのせ、青唐辛子を添える。⑤のたれを鶏の上にかけ、粉山椒をふる。

叶 松谷造 赤絵水鳥絵蓋物

鶏わさと錦糸卵の親子寿司

東京のお蕎麦屋さんでポピュラーな酒肴の一つに〝鶏わさ〟がございます。ゆえに初めはお酒の肴としてお召し上がり頂き、後はご飯とご一緒に……。左党には嬉しい丼です。

【材料】4人分
鶏むね肉…1枚
錦糸卵
　全卵…4個　卵黄…2個　塩…少々
山葵…少々　薄口醤油、濃口醤油…各20cc
焼海苔(色紙切り)…適量
寿司飯(122頁参照)…米3合分
木の芽

【作り方】
1　鶏肉はひと口大に切る。沸騰した湯に塩ひとつまみ(分量外)を入れ、鶏肉を入れる。表面が白くなったら氷水に落とす。
「生の鶏肉は殺菌の意味を込めて必ず霜降りをします。火を通し過ぎると硬くなってしまうので注意が必要です」。
2　錦紙卵(※)を作り(27頁参照)、5㎜幅くらいの帯状に切る。
3　ボウルに①の鶏肉と山葵を入れて混ぜ、薄口醤油、濃口醤油を加えて和える。さらに海苔を加え、和える。
4　器に寿司飯を盛り、②の錦糸卵、③の鶏わさをのせ、木の芽を添える。

親子雑炊

食欲がない時、また、お夜食など胃腸に負担をかけたくない時には、このような雑炊が活躍いたします。鶏の旨味をしっかりと抽出し、美味しいスープを作ることが肝心です。

【材料】4人分
鶏もも肉…120g　卵…8個
出汁(47頁参照)…800cc
白ご飯…180g
酒…40cc　薄口醤油…40cc　塩…少々
三つ葉(ざく切り)…1束　黒胡椒…適量

【作り方】
1　鶏肉は1㎝角に細かく切る。
「鶏肉は大きく切って存在を主張させるのではなく、細かく切って雑炊として一体感を出す方が食べやすいものです」。
2　スープを作る。鍋に出汁を入れて強火にかけ、煮立ってきたら白ご飯を入れる。再び煮立ったら、鶏肉を入れる。
3　酒、薄口醤油、塩を加え、5〜6分しっかりと炊く。
「ご飯が膨らみ、鶏肉からは脂が出てきます。その脂を大切にしてご飯粒を包み込むようにむっくりと炊き上げます」。
4　卵を溶いて流し入れ、器に盛る。三つ葉を散らし、黒胡椒をふる。
「本来の雑炊はお汁がほぼなくなるまで、しっかり煮込むものであります」。

※錦紙卵は、卵を薄く焼いた状態のもので、これを細長く切ると錦糸卵となります。

叶 松谷造 仁清地撫子絵平碗

叶 松谷造 瓔珞手赤丸蓋向付

英国ジョンソンブラザーズ ケント公紋章カップ

親子リゾット

西洋料理においても、
鶏と卵という黄金コンビの組み合わせは、
十二分に活躍させることができます。
仕上げにパルメザンチーズをふり、
焦げ目を付けることによって
コクと奥行きを加えました。

［材料］ 4人分
鶏もも肉…1枚
全卵…8個　卵黄…4個
出汁（47頁参照）…400cc
しめじ…120g　白ご飯…150g
オリーブオイル…大さじ4
バター…少々　塩…ひとつまみ
パルメザンチーズ（すりおろす）…適量

［作り方］
1　鶏肉はひと口大に切る。
2　鍋に出汁を入れ強火にかけ、沸騰してきたら鶏肉、ほぐしたしめじを入れ、1～2分煮る。
3　②に白ご飯、オリーブオイル、バターを入れ、煮立ってきたら塩を加える。
「オリーブオイルとバターが入っているため、塩のみで味を付けます」。
4　全卵を溶いて③へ流し入れ、完全に汁がなくなったら卵黄を加えて混ぜ、火を止める。
「汁気がなくなるまで、しっかりと煮詰めます」。
5　器に盛ってパルメザンチーズをかけ、あればバーナーで焦げ目を付ける。

ローストチキン オムレツ丼

皮目をパリッと香ばしく焼くことが、
美味しいローストチキンの第一の必須であります。
ふわふわのオムレツをあしらい、
溶かしバターを絡めることによって、
チキン、オムレツ、ご飯、それぞれの味を融合させます。

【材料】4人分
鶏もも肉…1枚
卵…8個
塩、胡椒、バター…各適量
熱ご飯…小丼4杯分　叩き木の芽
ケチャップ…大さじ4
おろし生姜…ひとつまみ

【作り方】

1 **ローストチキンを作る。**鶏肉の両面に塩、胡椒をして30分おく。250℃に熱したオーブンで皮目を上にして15分、裏返して3分、もう一度裏返して1分焼く。食べやすい大きさにそぎ切りにする。
「皮目から先に七分火を通し、身側を三分の加減で焼きます。その後、皮目をパリッとさせるためにもう一度裏返し、皮目にこんがりと香ばしさを出します」。

2 **オムレツを作る。**卵に塩少々を加えて混ぜる。よく熱したフライパンにバターを少し多めに入れて卵を流し入れる。よくかき混ぜながら、フライパンのアールを使って形を作り、オムレツを巻く。
「この時、手早くかき混ぜながら仕上げないと、卵はすぐに硬くなってしまいます」。

3 器に熱ご飯を盛り、①のローストチキンと②のオムレツをのせる。溶かしバター10gをかけて風味を付け、叩き木の芽を散らす。

4 ケチャップにおろし生姜を混ぜ合わせ、別猪口などに添える。

叶 松谷造 仁清地赤絵鱗碗
赤絵うず巻小付

叶 松谷造 古染付写花鳥絵碗
染付八角変形 千鳥絵小付

焼き鳥親子お茶漬け風

お料理の最後の〆やお夜食に、軽快な口当たりを欲する時、このお茶漬けの登場となります。たれを使わず、塩を利かせてこんがり焼き上げると、よりさっぱりと仕上がります。

[材料] 4人分

鶏もも肉…1枚
卵…2個　丼つゆ(18頁参照)…適量
出汁(47頁参照)…800cc
水…100cc
塩、煎茶(濃いめのもの)、三つ葉(ざく切り)…各適量
熱ご飯…小丼4杯分　焼海苔　山葵

[作り方]

1　**煮卵を作る。**鍋に湯を沸騰させ、卵を入れて6分程加熱する。初めの3分はかき混ぜる。冷水に落とし、流水をかけながら卵の殻をむく。丼つゆに浸け、1~2日おく。

2　**焼き鳥を作る。**鶏肉を薄くそぎ切りにし、しっかり塩をする。串に刺し、強火で両面をこんがりと焼く。

「鶏肉は、ジューシーさを求めるならば丸のままが一番です。しかし、今回のようにカラッと仕上げる場合、切り身で焼く方が手早く火が通り、また余計な脂も除けます」。

3　鍋に出汁、水を入れて火にかけ、塩をひとつまみ入れる。沸騰したら火を止め、煎茶を茶漉しで漉し入れて香りを移し、三つ葉を散らす。

4　器に熱ご飯を盛り、②の鶏、半分に切った①の煮卵をのせ、③をかける。ちぎった海苔と山葵を添える。

叶 松谷造 色絵兎草文蓋物

鶉の親子粥

親より卵の方が一般的ですが、
元来、鶉は最も美味しい鳥の一つでございます。
〝乙なもの〟として一度お試しになると、
思わぬ美味の発見となることでしょう。
相性としては古来、鶏には三つ葉、鴨には葱、
鶉には芹が最適とされております。

【材料】 4人分

鶉肉…2羽分　鶉卵の黄身…4個
出汁（47頁参照）…８００cc
白ご飯…２００g
酒…40cc　薄口醤油…小さじ4
芹（ざく切り）…1束

【作り方】

1 鶉肉は皮目を強火で炙り、焦げ目が付くまでしっかりと焼く。水洗いして臭みを取り、細かく切る。

2 鍋に出汁を入れて強火にかけ、沸騰したら白ご飯を入れる。ご飯が煮立ってきたら、①の鶉肉、酒、薄口醤油を加える。
「お粥はしっかりとお米が膨れるまで炊き込まなければなりません。煮込み方が少ないとご飯とお出汁の一体感が生まれず、いわゆる〝出汁かけご飯〟になってしまいます」。

3 再び煮立ってきたら、芹を散らす。

4 器に③を盛り、中央に鶉卵の黄身をのせる。

つくね親子丼

叶 松谷造 黄地紅彩菊唐草蓋向付

ひき肉は火の通りが悪いため、それを意識し過ぎて得てして炊き過ぎてカスカスになってしまいがちです。この失敗を防ぎ、いかにジューシーに仕上げるかが、重要なポイントとなります。

【材料】 4人分

つくね
鶏ミンチ（鶏ひき肉）…200g
みりん…大さじ2
塩、薄口醤油、しぼり生姜…各小さじ1
出汁（47頁参照）…400cc
みりん、薄口醤油…各40cc
白葱（2.5cm長さに切る）…4本
丼つゆ（18頁参照）…200cc　卵…4個
熱ご飯…小丼4杯分
三つ葉（ざく切り）　花山椒（42頁参照）

【作り方】

1 **つくねを作る。** 鶏ミンチをボウルに入れ、みりん、塩、薄口醤油、しぼり生姜を加え混ぜ合わせる。鍋に出汁、みりん、薄口醤油を合わせ火にかける。沸騰する寸前に鶏をスプーンで小さい団子に形作り、手早く落とし入れ2～3分中火で炊き、中まで火を通す。白葱を加え、さらに1分炊く。

2 鍋に丼つゆ、①のつくね、白葱を強火にかけ、煮立ってきたら卵を溶きほぐし、回し入れる。

3 器に熱ご飯を盛り、②をかけて三つ葉を散らし、花山椒を添える。

「お汁が少ないとご飯に馴染まないので、つゆだくの方が美味しく頂けます」。

親子飯蒸し 出汁巻添え

お米をもち米に替えると独特の歯ごたえと食感が生まれます。ひと工夫すると大変余所行きな、洒落た一品となります。また、お酒の肴としての目的も共有できます。

【材料】 4人分

鶏もも肉…1枚　鶏たれ（24頁参照）…適量
白葱…1本
出汁巻
　卵（L寸）…5個
　出汁（47頁参照）…140cc
　薄口醤油…小さじ1
　みりん…小さじ½弱　塩…小さじ⅕
　サラダ油…少々
白蒸し（92頁参照）…300g
叩き木の芽

【作り方】

1 **出汁巻を作る。** 卵は焼く直前に溶きほぐし、出汁、薄口醤油、みりん、塩で味を付ける。よく熱した卵焼き器に、サラダ油を馴染ませ、卵液の⅓量を一面に行きわたるように流し込み、卵の膨れを箸でつぶすようにしながら半熟の状態で手前へ巻いていく。油を馴染ませ直して、巻いた卵を奥側にずらし、空いた所にも油を馴染ませ、卵の下にも行きわたるように卵液を流す。同様に2回繰り返し焼き上げる。

「出汁が多ければ多いほど、ジューシーになりますが巻きにくくなります。焼く時は始終、強火を保つようにします」。

2 ①を巻き簾に移して形を整え、適当な大きさに切る。

3 **焼き鳥を作る。** 鶏肉は小さめの食べやすい大きさに切り、白葱とともに串に刺して中火で皮目をこんがりと焼き、裏返して身側も焼く。

「鶏を焼く時の目安は、皮目が七分、身側が三分という焼き加減を基準とします」。

4 鶏たれを付けては焼いて照りを出す。これを4回繰り返す。

「焼き鳥の美味しさの第一の魅力は、たれがコンセントレートされ、カラメル状に香ばしい薫りを生みながらも、軽く焦げ目が付いたその瞬間です」。

5 器の⅓に白蒸しを盛り、その上に④の焼き鳥、白蒸し、焼き鳥と重ねて盛る。

6 横の空いたスペースに②の出汁巻を盛り、叩き木の芽を散らす。

叶 松谷造 仁清花紋繫ぎ金縁鉢

きじ焼き親子丼

「雉焼き」の名の通り、元はきじの肉を焼いたお料理でしたが、
現在では鶏肉にたれ焼きしたものをきじ焼きと呼んでいます。
鶏は焼くことにより、煮た時とは風味に格段の差が生じます。
焦がさず、火加減を調節することで綺麗な照りを出すことができます。

【材料】 4人分

鶏もも肉…2枚
卵…4個
焼きだれ［酒400cc
　みりん200cc
　濃口醤油150cc
　薄口醤油100cc
　砂糖小さじ1］
サラダ油…適量
熱ご飯…小丼4杯分
木の芽

【作り方】

1 **焼きだれを作る。**鍋に酒とみりんを入れて強火にかけ、沸騰させアルコール分をとばす。沸騰したら中火にし、八割まで煮詰める。砂糖を加え、薄口醤油と濃口醤油の各半量を加える。弱火にしてさらに一割煮詰め、残りの醤油を加え、ひと煮立ちしたら火から下ろす。

2 **きじ焼きを作る。**鶏肉を7㎜厚さのそぎ切りにして強火で素焼きにする。表面に軽く焦げ目が付きだしたら、弱火にして焼きだれを適量かけ（魚焼き器の場合は刷毛で塗る）、たれがカラメル状に照りが出るまでじっくりと焼き、再度たれをかけて焼く。これを4回繰り返す。
「たれを付けて焼く場合、弱火にしないと照りが出る前に焦げ付いてしまいます。表面に密着したたれが、徐々にカラメル状になることにより、〝照り〟が生まれ艶よく仕上がります」。

3 **目玉焼きを作る。**フライパンを熱してサラダ油をひき、セルクルの中に卵を割り入れ、蓋をして火を通す。
「セルクルは、主に洋菓子を作るときに使う金枠です。白身は完全に火を通し、黄身は半熟状態を作ります」。

4 器に熱ご飯を盛り、②のきじ焼きと③の目玉焼きをのせる。

5 焼きだれを煮詰めてきじ焼きの上にかけ、木の芽を添える。

叶 松谷造 色絵金蘭唐子絵沓形碗

叶 松谷造 仁清地色絵南蛮人絵碗

鶏卵南蛮カレー丼

鶏肉よりもお葱が主役の丼です。
南蛮は南蛮漬け等、
葱を使ったお料理全般の呼称であります。
底冷えが厳しい京都の冬において、
お葱には芯から身体を温める効果がございます。

[材料] 4人分
鶏もも肉…1枚　九条葱…1束
卵…4個
出汁（47頁参照）、酒…各400cc
薄口醤油、みりん…各12cc　塩…ひとつまみ
カレー粉…12g　出汁溶き葛…適量
熱ご飯…小丼4杯分

[作り方]
1 鶏肉は薄くそぎ切りにし、九条葱は5〜7㎜幅の斜め切りにする。
2 鍋に出汁、酒を入れて煮立て、鶏肉を入れて強火にする。再び煮立ってきたら薄口醤油、みりん、塩を入れる。
3 カレー粉を少量の水（分量外）で溶いたものを②に加えて混ぜる。軽く沸騰した状態で、出汁溶き葛を混ぜながら加え、徐々にとろみを付ける。
「とろみを先に付けてしまうと、カレー粉が均等にならず、〝だま〟になってしまいます。また、あらかじめ水で溶くことにより、カレー粉がお出汁に溶けやすくなります」。
4 九条葱を鍋一面が隠れるようにたっぷりと入れ、卵を溶きほぐし、細く一文字になるように流し入れる。
5 器に熱ご飯を盛り、④をのせる。

チキンデュクセル親子丼

帝国ホテルに、玉葱にお肉を漬け込み焼き上げるという〝シャリアピンステーキ〟という名物がございます。この有名なお料理をそのまま鶏に応用いたしました。玉葱を使うことにより、驚くほど柔らかく仕上げることができます。

【材料】 4人分
鶏もも肉…1枚
卵…4個　酢…少々
丼つゆ(18頁参照)…200cc
玉葱…1個
オリーブオイル、バター…各適量
熱ご飯…小丼4杯分
実山椒(42頁参照)

【作り方】

1　鶏肉は薄くそぎ切りにし、玉葱のみじん切りとともにオリーブオイルに漬け、2時間程おく。「こうしておくと、鶏肉が柔らかくなります」。

2　**ポーチドエッグを作る。**たっぷりの熱湯に酢を加え、卵をお玉に割り込んで慎重に熱湯の中に落とし入れる。かろうじて沸騰している状態まで火を弱め、白身が固まるまで形を整えながら火加減を調節する。
「ぐらぐらと沸騰し過ぎると卵がちりちりばらばらに、逆に温度が低いと卵がうまく固まりません。微妙な火加減が必須です」。

3　フライパンを中火で熱してバターをひき、温まったら①の鶏肉を入れて両面焼く。別のフライパンで玉葱を炒める。

4　鶏肉に火が通ったら丼つゆを加え、煮立てる。

5　器に熱ご飯を盛って鶏肉をのせ、④で残った煮汁を③で炒めた玉葱のフライパンへ入れ、煮詰める。

6　鶏肉の上にポーチドエッグ、炒め煮にした玉葱をのせ、煮詰めたたれをかけ、実山椒を散らす。

叶 松谷造 赤絵沓形瓔珞文碗

親子焼き飯 そぼろあんかけ

美味しい焼き飯は、決してベタつかず、
お米の粒がパラパラと完全に独立していなければなりません。
あらかじめ鶏には下味を付け、高温で一気に炒めることがポイントです。
今回のようにそぼろあんを加えますと、まったく対照的な食感となり、
一品完結の御馳走となります。このようなアイディアこそ、
ご家庭用の普段使いから、ご来客用のお料理へと昇格させることができる、
いわゆるコツと呼ばれるものであります。

［材料］ 4人分

鶏ミンチ（鶏ひき肉）…200g
卵…4個
白ご飯…500g
ケチャップ…80g
サラダ油、塩、黒胡椒、実山椒（※）…各適量
そぼろあん
そぼろ（23頁参照）…鶏ミンチ100g分
出汁（47頁参照）…300cc
酒…大さじ2　みりん…小さじ1
薄口醤油…大さじ1　塩…少々
出汁溶き葛…適量

※実山椒・花山椒は、採れ立てをさっと湯がいて冷凍したものを使用しています。

［作り方］

1 フライパンを熱してサラダ油をひき、鶏ミンチを入れて塩、胡椒をふり、火を通す。

2 ボウルに卵を割り入れ、白ご飯を入れてよくかき混ぜる。①のフライパンに加え、強火で水気をとばすようによく炒める。フライパンを煽りながら、鶏を混ぜ合わせることを念頭に炒めるとよい。

「卵にあらかじめご飯を混ぜ合わせ、ご飯を卵でコーティングします。ご飯はでんぷん質・炭水化物であるため、熱を加えると粘り気が出て鍋に付きやすいですが、卵はたんぱく質であるため、くっつきにくいという特性があります。この点を利用すれば、パラパラとした粒だったチャーハンを作ることができます」。

3 ケチャップ、塩、黒胡椒、実山椒を加え、味を調え、器に盛る。

4 **そぼろあんを作る**。鍋に出汁、酒、みりんを入れ煮立て、そぼろを加える。

「1分程中火で煮、そぼろから煮汁へ味を抽出させます」。

5 薄口醤油を加えて味を調え、足りなければお好みで塩を加える。

6 出汁溶き葛を混ぜながら加え、徐々にとろみを付ける。

「葛に火をよく通すと、しっかりとしたとろみが付きます」。

7 ③にそぼろあんをかける。

河井寛次郎造 草花文碗

実践　丼 手習い八ケ条

一、素材の相性を考え、お互いの個性を引き立て短所を補う組み合わせを考えるべし。
これを相乗と言い、決して相克とはならぬこと。

「組み合わせの相性が悪いと、思わぬ生臭みを生むなどそのアンバランス感を
食べ終わる最後まで引き摺って持ち続けなければなりません。
丼は一話完結の短編ですから、挽回のしようがなくなります」。

二、丼の素材はあらかじめ包丁にて食べやすい大きさに切りおくべし。

「あくまでも丼内の素材とご飯は快いリズム感と共に喉元を通り過ぎねばなりません。
極端に大きいものは、わざわざ意識してそれを咀嚼しなければならず、
その時リズムが変調をきたします。またあまりに小さいものは素材自体が埋没してしまい、
何を食べたか分からなくなってしまいます」。

三、丼のご飯の炊き加減は、通常より少し強《こわ》めが適すべし。

「丼の具材とご飯はあくまでそれぞれ独立したものであって、
その個性を主張しながらご飯自体も具材とよい具合に調和せねばなりません。
柔らか過ぎると、味がお米の中まで浸潤して、ご飯が負けてしまいます」。

四、ご飯との相性を考慮して、味付けの輪郭ははっきりと付けるべし。

「当然のことながら、無地無色のご飯の味わいを活かし食欲を喚起させるためにも、味付けのメロディーラインはしっかりとアクセントを付けねば美味しくありません。これはお弁当の味付けも同様です」。

五、器との配色を考慮して、腹八分目ぐらいに品よく盛り付けるべし。

「とかく丼は、食欲を満たすための一番即物的な存在と思われております。こういうものこそセンスを尖らせ、見ただけでお腹がいっぱいにならないよう工夫せねばなりません」。

六、一品とせず一膳と成り得べく、丼単品で供するよりも最適の一汁一皿を組み合わすべし。

「その丼にベストのお汁や一皿を足すことにより、味覚的にも視覚的にも補完され、その相乗によって食卓に奥行きが生まれます」。

七、炊き立てのご飯を用いるよりも一度お櫃などに移し、粗熱と蒸気を取り除いた状態をよしとすべし。

「お茶事は別として、ご飯は炊き立てよりその蒸気を少し落ち着かせてからの方が、真味が味わえます。また過剰な蒸気が具材をべたつかせたり、ふやけさせたりの弊害を生むこととなります」。

八、丼にはあらかじめ調味料を出汁に合わせた〝合わせ汁〟を活用すべし。

「丼は至極、調理時間の短い短期決戦であります。故に具材にムラなく味付けをするためにも、あらかじめ元となるお出汁に調味料を割合によって合わせておくことが必要となります」。

素材の話

素材が良質でないものはいかに手を加えても、表面を装うことはできますが、決して真の美味しさを味わうことはできません。ご家庭であってもやはりこのことを第一義に、素材の吟味を怠らないことが肝要でございます。

第一段階におきましては、まず、このお出汁をひくという作業を丁寧に行わねばなりません。このお出汁が今日まで京・大阪、いわゆる上方の豊かな料理文化を支えてきた大黒柱と言えるのではないでしょうか。

当店では北海道尾札部産の真昆布で昆布出汁を取り、それに血合いのない鮪節を合わせます。いわゆる「一番出汁」と呼ばれる、くどさや癖のない誠にすっきりとした味わいを真骨頂といたしております。昆布・鰹節・鮪節とも、表層となっております部分が一番味わいもよく、旨味成分もたっぷりと含んでおります。内に向かえば向かうほど旨味と共にかえって癖や雑味、いわゆる〝あくどさ〟が増してしまいます。ゆえに、いかに表面の美味しさだけを抽出するか、また、いかに雑味を抑えるか。この点において、細心の注意を払わねばよいお出汁は生まれません。

「美味しいんです。美味しくなくっちゃいけません。美味しすぎます」

このイメージを常に念頭に置き、少し手間と時間はかかりますが、皆様におかれましては本格的なお出汁作りに果敢に挑戦なさってくださいませ。たとえ初めは上手くいかずとも、回を重ねる毎に、だしの素や化学調味料では決して味わうことができない真味の片鱗がだんだんと表れてまいります。

その感覚を逃さず「味覚の樹」を根気よくお育てになるつもりで、一歩ずつ繰り返し、繰り返しお試しになることこそがお料理上達の正に王道であります。

かといって、巷間言われるところの「究極の……」「至高の……」などという高価な材料を用いる必要はありません。

「切り目正しからざるものは食らわず」

これは幸田露伴先生の名言であります。ただ単に包丁の切り目が正しいという意味ではなく、肉・魚・野菜にしろ、その作り手の背景が正しく感じ取れる、そういう素性のはっきりしたもの以外は口にしないという先生の哲学を十二分に伝える言葉でございます。

私は素材を選ぶ時、常にこの言葉を心に刻むことにいたしております。

一番出汁に使用する、北海道尾札部産の真昆布と血合いのない本枯れ鰹節、鮪節など。

出汁の取り方

[材料] 作りやすい分量

真昆布…30g

血合いのない鮪節もしくは鰹節…50g

水…1.5ℓ

[作り方]

1 昆布は、表面を濡れ布巾でふいて汚れを落とし、ほどよい大きさに切って鍋に入れる。常温の水を注いで弱火にかける。

2 徐々に温度を上げ、80℃前後にして10分間、この温度を保つ。

3 味見して昆布の味を十分認識できたら、95℃まで温度を上げ、昆布を引き上げる。

4 火を最小限までゆるめ、気泡が出ていないことを確かめる。温度を上げ過ぎて沸騰する危険がある場合は、差し水をして沸きを抑える。鮪節を少しずつふり入れる。

5 鮪節が全体に広がって沈みつつある時、固絞りしたネルをかけた水嚢で漉す。

道具の話

「弘法筆を選ばず」とは申すものの、やはりお料理にはそれに適した道具を用いますと格段に〃しがって〃がよくなることは間違いございません。かといってプロのように包丁やお鍋を数十種類も揃える必要はございません。

　写真手前に位置しております銅製の手付き鍋は、皆様もどこやかしこでご覧になられたことがあろうかと思いますが、丼専用の小鍋でございます。ご承知のように銅は熱伝導に優れた特性を持っております。卵や具材に均一にかつ素早く火を通すためには、この銅のお鍋が威力を発揮いたします。また鍋に対して垂直な取っ手も、それから鍋の周り縁が浅くなっておりますところも共に、丼のご飯に対して具材を滑り掛けやすくするための特徴でございます。一見特異に映るその独特なフォルムは、長年に亘る実体験に基づき改良が重ねられ現在に至るという日本伝統の道具類が備え持つ、正しく「用の美」を感じさせております。

　ご家庭使いには少し高価なものとはなりますが、是非この銅製の手鍋をご用意なさいますことをお勧めいたします。お台所にあるこのお鍋をご覧になるだけで、「ああ、今日はどんな丼を作ろうか」という、お料理においては最も初歩的でかつ大切な衝動を皆様もきっとお感じになられることと希望いたしております。

　かくのごとくご自分のセンスと感性でまずお店でお道具を選ばれ、好んで繰り返し繰り返しお使いになるうちにより愛着が増し、いわゆる「愛用品」となることが大事でありまして、使わずにそのままお蔵入りとなってしまう「愛蔵品」となってしまうことは道具にとりましても誠に可哀想なことと存じます。

　写真奥の片口は先代である親父より使い込み、五十年以上に亘って毎日使用しております。欠かさず磨き込むものですから本当に薄くなってしまいましたが、その完全に角が取れましたでこぼこ感が却ってその存在感を生み、誠に拙店の長年の歴史を物語っているようであります。こういう道具は決して捨てることができません。元来無機質である道具が奥底の精神性を備えているような感じさえいたします。

〈有次製〉銅の丼専用の小鍋、
吉右衛門好みの玉杓子、
〈カール・メルテンス社製〉
メジャーリング・スプーン（チェリーテラス）。
奥は先代の頃から使い込まれた片口。

器の話

皆様ご承知の通り、「どんぶり」を漢字で表記すると「丼」という字になります。今ではごく一般的で馴染みの深い字面ではございますが、何故井戸の「井」の中にチョボなのでございましょうか。諸説ある中、私が最もなるほどと合点いたしましたのが次の説でございます。即ち、井戸の中に何か石のようなものを投げ込んだ時に「ドボン、ドボンリ、ドンブリ」と音が響きます。そこから丼という擬音語の字が生まれました。

江戸時代に「慳貪《けんどん》振り鉢」と名乗った大振りの鉢におかずと一緒にご飯を一膳盛り切りで提供した、今で言うところの定食屋のような店ができました。元々「慳貪」とは「ケチ」を意味する言葉でございますが、それを看板にしたこの店は、ごく簡単で手っ取り早く、また腹持ちも味もよかったところが江戸の庶民に評判を呼び、「慳貪振り鉢」を縮めて「どんぶり鉢」…「どんぶり」という名称が定着するに至りました。そこでその語韻から「丼」という字に繋がったということでございましょうか。

今回の撮影にあたりまして一番苦労いたしましたのが器でございます。先程の「慳貪振り鉢」が示すように、あくまで質素で日常的なところがこのお料理の持ち味でございます。ゆえに名立たる名人上手の作品の中にこの丼鉢を見つけることはほとんどございません。そこで本来は使用目的が異なる抹茶茶碗の多くをこれに代用させて頂きました。それぞれのお碗には季節感をはじめ、日本ならではのさまざまな美意識が凝縮されております。お作り手やお茶人様には誠におこがましいことではございますが、正しく「馬子にも衣装」、結果としては大変華やかで面白い写真を撮って頂くことができました。

叶 松谷造 黒釉花吹雪碗（23頁参照）

叶 松谷造 乾山写白梅絵碗（27頁参照）

河井寛次郎造 練上鉢（7頁参照）

根来合鹿椀（111頁参照）

フランス ドーム製ガラス鉢（169頁参照）

叶 松谷造 色絵サラセン風鳳凰絵筒向付（109頁参照）

叶 松谷造 赤絵水鳥絵蓋物（29頁参照）

添え物だけど大切なもの――漬物

お客様が一通りお料理を召し上がり、最後のご飯の時、よく質問なさることがございます。「お漬物はどこのんですか?」「どこのが一番美味しいですか?」と伺います。私はこの時、「沢庵以外は大女将が漬けております」「お花とお漬物は母親の専門でございます」とお答えいたします。

　昔は京都ではどこのご家庭でもお漬物は自家製が当たり前で、千枚漬けなどの季節ものや、すぐきや柴漬けなどの名物を除いて、滅多に市販のものを買うことはございませんでした。即ちぬか床を常備し、旬の野菜を浅漬けにし、これをメインにして季節のものや名物を組み合わせるといったところでございます。

　近頃ではお漬物が和菓子と並んで京土産の代表となっておりますが、京都の一般のご家庭でさえもお漬物は家で漬けるものではなく、お店で買うものとなってしまいました。「川端道喜」さんの粽、「虎屋」さんには羊羹や饅頭、「亀屋伊織」さんにはお干菓子…と和菓子屋さんに得手不得手があるように、私はお漬物についてもそのことが当てはまると思います。

　考えてみますれば、お漬物は一品一品それぞれ強い個性を持っております。何気なくそれを盛り合わせてお出しすることが多くなりましたが、今回はそのお丼との相性をよくよく考え、なるべく〝ひと色〟を宛がうことといたしました。と、申しましても、あくまで私の見立てでございます。皆様方におかれましては、お好みの丼にご自分なりの最適な一品をお選びになりますと、よりお楽しみが増えることと存じ上げます。果敢にお試しになってくださいまし。

上から、小蕪と水菜の漬物（115 頁参照）、
茄子のぬか漬け、生姜（119 頁参照）、
日野菜の漬物（113 頁参照）、西瓜の奈良漬け（123 頁参照）、
新生姜・実山椒の甘酢漬け（114 頁参照）

第二章

ぎをん　季節の御馳走丼

芹沢銈介画「風囀色舞ふ」

正月

月次の歳時記

普段は昼夜となくお勤めに東奔西走なさっているどんなご職業・お商売の御方も、お正月三が日くらいはお仕事のことを忘れ、のんびりしたいものでございます。しかしながら私どもの料理屋商売ではなかなかそれも叶いません。十一月、十二月と繁忙期のロングランを乗りきると、おせち料理のお重詰め数百本というクライマックスが控えております。

つい数年前まで、ホテルや百貨店に支店を構えておりました関係上、営業は年中無休が当たり前で、京・東山の都ホテル店などは元日の朝食に七百超のお客様がご来店なさり、また、御夕食は二百五十人前をご用意せねばなりませんでした。これを五十年間勤めさせて頂きました。総勢五、六十人の料理人が、正に突貫で年末から年始へと走り抜けねばなりません。

物心ついてから、全支店を引き上げ本店だけに集約いたしましたつい数年前まで、私も家族揃ってゆっくり祝膳を囲む時間を持った覚えがございません。子どもの頃は、こういう時、「なんでうちは料理屋なんかやってんのかいな」と余所様のご家庭を実に羨ましく思ったものでございます。先年より念願のその機会を持つことができ、しみじみお正月の有難さを実感いたすことができました。

「松のうち　妻とあそんでしまいけり」

これは浜作を長らく御贔屓頂きました川口松太郎先生ならではの、ユーモアとウイット

川口松太郎先生の色紙、
「松のうち 妻とあそんでしまいけり」

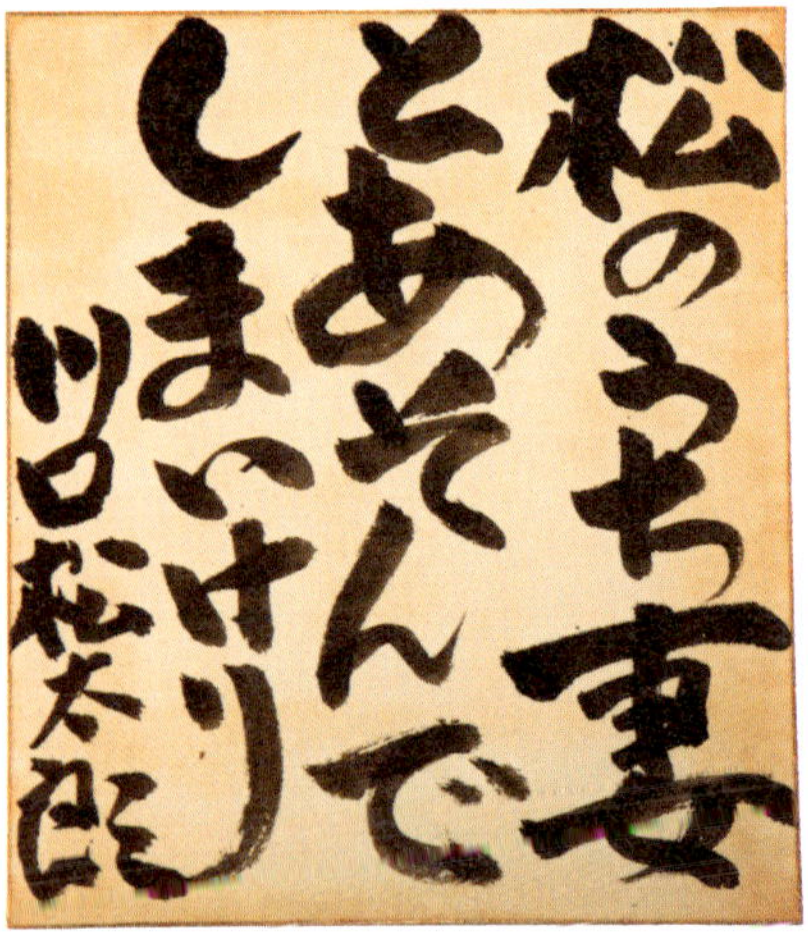

に富んだ俳句でございます。思わず微笑みを禁じ得ない、正しく大人の俳句でございます。

本来、おせち料理とは、日常家事に明け暮れておられるご夫人の方々がお正月ぐらいはお食事の支度をなさらずとも過ごせるよう前もってお重詰めにする、ということも大事な目的の一つでございます。

有名な艶福家であられた松太郎先生も罪滅ぼしのため、お正月くらいはお家で奥様孝行に勤しまれたのではないかと、この色紙よりご推察申し上げる次第でございます。

おせち料理は冷蔵庫のない時代、なるべく日持ちするように大概はしっかり甘く、酸っぱく、辛く、という濃い味付けが定法でございました。そうすると、どうしてもありきたりの献立と味付けになってしまいます。

そこで今回は、お重の他に作り立てで熱々の子孫蒸しをお出しいたします。お重の取り肴にこういう熱々の一品が加わりますと、いっぺんに祝宴に臨場感が加わり、心尽くしの山海の御馳走によりいっそうのもてなしの心が具わります。

扇面の五段重をバックに、その対の折敷に永楽さんのお目出度い鶴の向付を設え、初春を寿ぎます。

正月

献立

子孫蒸し
おせち三品
黒豆松葉刺し
子持ち若布と海老の松葉刺し
金柑釜イカこのわた
白味噌のお雑煮

子孫蒸し

【材料】 4人分

赤飯…300g　鮭…1切れ（70g）
いくら…100g
卵地
卵…2個
出汁（47頁参照）…400cc（卵の4倍量）
薄口醤油…小さじ2
みりん…小さじ1　塩…小さじ1/5
出汁…100cc　塩…適量
出汁溶き葛…適量　軸三つ葉（ざく切り）

【作り方】

1 鮭はしっかりと塩をして15分おく。
「塩の粒子が吸収されると水分がしみ出てきます。これが、塩が行きわたった合図です」。

2 卵地を作る。よく溶いた卵と出汁を合わせて漉す。薄口醤油、みりん、塩で薄く味を付ける。
「この卵と出汁の割合はかなり柔らかく、固めるには細心の注意が必要ですので、ご家庭では3.5倍くらいが無難な量かもしれません。卵の濃度があるので、調味料を入れてから少し時間をおいた方が、全体に味が馴染みます」。

3 ①に串を打ち、弱火でじっくりと焼く。

4 器に対して少なめに赤飯を盛り、③のほぐし身をのせ、②の卵地をかけて蓋をする。

5 かろうじて沸騰している状態の蒸し器に入れ、11〜12分蒸す。蒸し器の蓋を少し開けるか、蒸し蓋の蒸気穴を開栓しておく。
「密封すると内部の蒸気圧が上がって、柔らかく繊細な卵地はその影響を受け、スが入る恐れがあります。蓋の形状により、お

叶 松谷造 寿字西王母絵蓋物
永楽即全造 仁清写鶴の巣籠り向付
輪島塗光琳蒔絵金銀彩椀
輪島塗扇面絵松唐草紋御重・折敷
清風与平造 染付松竹梅盃
永楽即全造 松葉箸置

茶碗に笠のように覆いかぶさるような形状のものをかぶせ蓋、また、お茶碗の内側に落ちているものを打ち蓋と呼びます。お茶碗の中身に蒸気や水滴が直接当たらないよう、茶碗蒸しではこのかぶせ蓋を備えた蒸し茶碗の方が失敗がありません」。

6 出汁に塩少々を入れ沸かしたものに、出汁溶き葛でとろみを付けたあんをかける。いくらをのせ、軸三つ葉を添える。

おせち三品

〈黒豆松葉刺し〉

黒豆を松葉に輪環に刺す。

〈子持ち若布と海老の松葉刺し〉

茹でた海老と子持ち若布をひと口大に切り、海老2つと子持ち若布3つの計5つを松葉に刺す。

〈金柑釜イカこのわた〉

剣先イカは細切りにし、下塩をして30分おく。このわたを和え、中身をくり抜いた金柑に盛る。

白味噌のお雑煮

1 海老芋は六角形を目指して、底から頂点に向けて厚く皮をむく。たっぷりの水と共に鍋に入れて火にかけ、ことこと柔らかくなるまで20〜30分湯がく。

2 人参、大根、根付き法蓮草をそれぞれ下ごしらえをし、彩りよく椀に盛る。

3 白味噌を一番出汁で溶き、水嚢で2〜3回漉す。絶対に沸騰させないように温め、②の椀に張る。仕上げに柚子をふる。

七草

献立

七草粥
揚げ海老芋・
蟹と菊菜の早煮——生姜風味

日本全国さまざまな決まり事や風習が数限りなく伝承されておりますが、その中でもこの一月七日に七草粥を頂くという慣習は比較的汎く、また、身近なものとして行われているものの一つでございましょう。本来、一月七日は「人日の節句」と呼ばれ、一切の殺生を戒める日でございました。

どこのご家庭でもお正月はおせちをはじめ、とびきりの御馳走をたらふくお召し上がりになることと思います。その美食飽食で疲れた胃腸を日常の食生活へと切り替える、いわばリセットする区切りの食べ物が、この七草粥の役割でございます。寒さは未だ厳しく北国などでは雪もまだまだ残っているこの季節、入手しにくいお野菜の代わりに、それぞれ健胃や整腸などの薬効成分がある草を材料にお粥を炊く、ということをお考えになった先人達の優れた知性には驚嘆するしかございません。

その七草には土地土地では多少の差異はございますが、我が京都では「セリ、ナズナ、ゴギョウ、ハコベラ、ホトケノザ、スズナ、スズシロ」これぞ七草といたしております。これを俎板の上にのせ、「七草なずな 唐土の鳥が 日本の国に 渡らぬ先に ストトントン…」の歌を歌いながら包丁の背で叩いて細かく刻みます。まずお粥を炊き、叩いた七草と塩を入れて七草粥といたします。

一昔前まで七日の朝には京町屋の門先からトントン俎板を叩く音が聞こえてまいりました。春の息吹をまったく感じることのできない寒中においても、この快いリズムは微かにその足音を連想させてくれます。和歌にはよく「若菜摘む」という言葉が登場いたしますが、諸説ある中、この若菜こそ、その年一番に芽が出る七草を指しているのではないかと私は思っております。なんと美しい日本語でございましょうか。

お献立は、七草粥本体にはあまり塩をせず、その代わり火取った唐墨を添えました。お椀は宝尽くしの朱椀でございます。お向付には永楽さんの雪持笹の筒向付に、海老芋と蟹をあっさりと盛り合わせました。

朱塗り宝尽し蒔絵椀
永楽即全造 雪笹筒向付
染付鯛型箸置
輪島真塗折敷

七草粥

【材料】4人分

米（洗って乾かす）…1合
水…米の6倍量
芹、薺、御形、
繁縷、仏の座、
菘、蘿蔔…各適量
塩…少々　唐墨…適量

【作り方】

1 七草はそれぞれよく水洗いして水気をきり、包丁で叩きながら細かく刻む。

2 鍋に分量の水を沸騰させ、米を入れる。始めは強火で米を躍らすようにしっかりと炊く。お米が膨れ、水気が少なくなって粘りが出てきたら、火を弱め、十分にお米をむっくりと膨らませる。

3 塩ひとつまみを加えて味を付け、仕上げに①を加え、よくかき混ぜて椀に盛る。

4 唐墨は、5㎜くらいの食べやすい厚さに切り、炭火で片面を炙り、③にのせる。

「お粥は、あまり柔らか過ぎても、硬過ぎてもいけません。お米の硬さを何回もお味見して、十分炊き込み、お好みのお加減を習得してください。今回は唐墨をのせて、しばらくすると沈み込んでしまうくらいにいたしました」。

揚げ海老芋・蟹と菊菜の早煮――生姜風味

1 海老芋は皮をむいて（57頁参照）湯がき、出汁と薄口醤油で軽く煮込んで味を含ませる。ひと口大に切って片栗粉をまぶし、しばらく時間をおいてから小麦粉をまぶす。170℃くらいの油でこんがりと揚げる。

2 菊菜は硬い部分を除き、熱湯に塩ひとつまみを加えて20秒程湯がき、冷水に落としてアクを取る。2.5㎝長さくらいに切り揃える。

3 蟹の脚は茹でて身を外す。

4 一番出汁に酒少々を加え、しぼり生姜を数滴たらす。蟹身を入れ、薄口醤油をほんの少し加え、さっと早煮にして器に盛り、①の海老芋、②の菊菜、針柚子を添える。

節分・立春・初午

月次の歳時記

新暦では大体二月四日が立春となりますことから、その前日、即ち二月三日が節分会ということになります。今ではあまり通じませんが、明治生まれの祖父母達はよく「お年越し」と申しておりました。ちょうど旧暦で申しますと、この頃がお正月ということになります。

ご承知の通り、新しい春を迎えるにあたって邪気を祓い、佳気を招くために、諸国様々な風習が今に伝わっております。京の町では柊の小枝に鰯を刺して玄関先にお飾りし、これを厄除けとしております。一升枡に溢れる豆を家中限なく「福は内、鬼は外」との掛け声と共に主が撒き清めますと、家中が「ごもっとも、ごもっとも」とそれに応え、後に従いますのが我が家の吉例でございます。

京の都は三方を山に囲まれ、南に巨椋池を配した、風水で申しますところの〝四神相応〟の地でございます。東は青龍、西は白虎、南は朱雀、北は玄武、それぞれの守り神が鎮座ましまして、その御威光により、平安遷都以来、数々の天災・人災に遭遇いたしましたにもかかわらず、この都を千年以上に亘って守りくださってきたのではないかと存じております。

そこで、この日に感謝を込めて四方詣をい

玄関には細川護煕元首相による「浜作」の扁額、
伊藤小坡画による御所美人屏風。

たします。東は吉田神社、西は松尾大社、南は城南宮、北は天神さん、の四社を巡ります。中でも古来、吉田神社は全国八百万の神々がこの日だけ御参集になるという、最も厄除けの御利益がある御社とされております。

各家から納められた古い御札やしめ縄を集めて、いわゆる「どんど焼き」といわれるお火焚きの焚き代といたします。その炎の柱は、寒風の夜空に高く燃え盛り、かなり離れていても頬が灼けるほど実に豪壮毅然たる光景でございます。帰り道の参道の茶店で熱々のお善哉を頂く時、ちょうど真夜中の十二時、「お年越し」を迎えます。元日をお迎えするような華やかさはございませんが、京都人にとりまして誠に心改まる大切な瞬間の一つでございます。

祇園町をはじめとする廓では「おばけ」と呼ばれるお遊びがこのお節分に行われます。「おばけ」と申しましても幽霊を指すわけではございません。芸妓や舞妓が各々二〜三人の組となり、見立ての衣装（例えば歌舞伎の一場面）をして御贔屓のお茶屋や料理屋の御座敷を廻るというもので、時には素人のお客様自身がこの扮装をなさることもあり、実は私も若い時分に舞妓の衣装を着て爆笑を買ったものでございます。本来、その発想がアンバランスでミスマッチな程、その「おばけ」は成功したことになるという、花柳界ならではのウイットと洒落に富んだ御趣向でございます。

こういう京の町の風物詩には、この「おばけ」のような、最も寒さが厳しく、またお客様の少なくなる閑散期になんとか街を活気づけようという長年に亘る創意と工夫が積み重ねられております。

お献立は、節分に欠かせない鰯に梅の香を合わせました。底冷えのする時季にお献立に重宝いたしますのが粕汁でございます。手前どもでは暮れには伏見や灘をはじめお付き合いのある酒蔵から、新酒を搾り立ての酒粕が次々と届けられます。その酒粕と隠し味に少し白味噌を加えますと、なんともまったりとした身体の芯から温まるお椀が出来上がります。蔵によって本当に味や香りも様々で、下戸の私もこの時ばかりはほろ酔い気分でその妙味を頂きます。彩りのよい野菜に春を表す芹を用いますのが定石でございます。

器も杉枡に永楽さんの絵馬皿を合わせました。立春から数えて初めての午の日を初午と申します。この日のお祭りは伏見のお稲荷さん一番の催しで、朝から夜まで御参拝のお客様で参道も溢れんばかりでございます。

節分・立春・初午

献立

鰯のしぐれ紅梅飯
お豆のしみつかり
畑菜のお浸し
粕汁

鰯のしぐれ紅梅飯

【材料】 4人分
鰯…小12尾　梅干し…2個
粗めの針生姜…少々
酒…200cc　濃口醤油…30cc
砂糖…小さじ1
熱ご飯…小丼4杯分　針生姜

【作り方】

1 鍋に酒と梅干しを入れて、鰯を並べて火にかける。沸騰したら少し差し水をしてアクを取り、針生姜を加えて5分ほど炊く。
「梅干しの酸が鰯の煮崩れを防ぎ、また味付けの方でも深みを与えてくれます。梅干しに甘味を付けたり調味料を加えたりしているものは、できれば避けてください」。

2 ①に砂糖、濃口醤油を順に加え、煮汁をかけながら、汁が⅓量になるまで煮詰める。
「梅干しが煮崩れても、紅梅飯という名の通り、趣きのある景色となります」。

3 器に熱ご飯を盛り、鰯と梅干しをのせる。煮汁を回しかけ、針生姜を添える。
「炊き立ての場合はふっくらとし、一度冷ますと鰯の身もしっかりと締まり、別趣のものになります」。

お豆のしみつかり

1 大豆は汚れや傷がないか確かめ、水洗いしてボウルに入れ、4倍量の水に一晩浸けておく。人参、蓮根、牛蒡、丸十（薩摩芋）、蒟蒻は5㎜のさいの目切りにし、牛蒡は水にさらす。

2 土鍋に大豆、蓮根、牛蒡、蒟蒻、3倍量の新しい水を入れ、蓋をしてことこと柔らかくなるまで煮る。途中、差し水をする。2時間程で硬さを確かめる。

3 別鍋に出汁を沸騰直前まで温めておく。硬さがよければ大豆の茹で汁を⅓くらいに減らし、温めておいた出汁を加え、昆布、人参、丸十も加え、さらに10分程ことこと煮込む。

4 砂糖、みりんを加えてさらに5分程煮込み、薄口醤油で味を調える。

5 大根おろしに酸橘、かぼすを搾り、器に中高に盛る。④をのせ、柊を飾る。

畑菜のお浸し

畑菜はよく水洗いをし、熱湯に塩ひとつまみを加えて茹でる。2㎝長さに切り、みりん、薄口醤油、塩で調味した出汁に浸し、器に盛り付ける。

粕汁

1 大根、人参、牛蒡を短冊切りにし、それぞれ流水にさらしアクを取る。芹は熱湯に塩ひとつまみを入れた中で湯がく。

2 鍋に一番出汁を注ぎ、人参、大根を入れ、柔らかくなるまでことこと煮込む。酒粕を茶漉しなどで溶き入れ、薄口醤油で味を調える。

3 大根、人参、牛蒡を扇形になるように芹で結んで碗に盛り、熱々の汁を張る。

朱塗宝珠火焔蒔絵椀
永楽妙全造 絵馬手塩、赤杉枡
永楽即全造 唐津風片口猪口
河井寛次郎造 辰砂梅鉢湯呑茶碗
一閑塗つばくろ折敷

上巳の節句

奥様が浜作主人と小学校よりの幼馴染である、京都下鴨・山内家。
お雛さんは、奥様・早苗様のお母上・田中信子様の蒐集品です

日本古来のいわゆる〝お節句〟は、三月三日、五月五日、七月七日、九月九日と奇数の組み合わせとなっております。陰陽で申しますと、奇数が陽、即ちプラス（＋）、偶数が陰、即ちマイナス（－）と二分されます。従って、陽の数字のゾロ目を尊びます。云わずと知れた三月三日は正式には「上巳の節句」とされ、京都人は「お雛さん」と呼んでおります。

誠に畏れ多い話ではございますが、御所をはじめ、京都では昔から神様や仏様などの敬い、尊ぶ対象でさえも、あまり「〇〇様」とは呼ばず、「〇〇さん」や「〇〇はん」とお呼びするのが普通でございます。

東京では、例えば観音様、山王様、明神様、将軍様、などと最上級の対象には「様」付けを使い、「さん」付けでは何か一段下がったというか、親しいというか、そういうランクの使い分けが存在いたします。この点、京・大阪では、上から下までほとんどを「さん」「はん」で通します。ここがなかなか奥深い含蓄のあるところで、その微妙なアクセントによる使い分けは地元の人間にしか使いこなせないものでありましょう。

祇園町生まれ祇園町育ちの私なんぞにいたしますと、「森川様」などと呼ばれますとどこか空々しく、薄っぺらい感じがいたしまして、居心地が悪うございます。

私も月に三回程は東京に参りますが、確かにある意味洗練された街並みや、ブリリアントな光景には高揚感を感じずにはいられません。しかしながら、それを構成している必然的な根っこを感じることがあまりございません。いつも根底に流れるそのスノッブな価値観の激流に心身ともに疲れて帰洛いたしますことが度々ございます。

今となっては京都も一地方都市と成りましたが、季節ごとにどんなお家も大小はございましてもお節句飾りを欠かしません。京都有数のお屋敷町である賀茂川沿い、下鴨に邸宅をお構えである山内家のお雛飾りは、その品数においても華麗さにおいても、京都随一の豪華さであろうと思います。お節句には手前どもから出仕事に参上し、次頁の御膳を設えますのが毎年恒例とさせて頂いております。

お献立は、お雛さんに付き物の菱の御膳に雛寿司を、これまた菱形の時代がかった桃絵皿に赤貝のぬたを添えました。お椀は蛤でございます。

お雛さんは、夫婦和合を祈ってのお祭りでございます。「いつか鮑の片思い……」となるような一枚貝は使わず、敢えてその貝殻にはその貝殻しか合致し得ないという、いわゆる「貝合わせ」となる二枚貝を使いますのが肝心でございます。

上巳の節句

献立

雛寿司
赤貝のぬた
蛤のお吸い物

雛寿司

【材料】 4人分

米（洗って乾かす）…3合
寿司酢［米酢90cc、砂糖45g、塩15g］
どんこ椎茸べっこう煮（109頁参照）…5枚
焼穴子…2尾
焼海苔…4枚　車海老（30g）…4尾
錦糸卵（27頁参照）…適量
木の芽　寿司生姜…50g

【作り方】

1 122頁を参照し、寿司飯を作る。
2 椎茸、焼穴子をみじん切りにし、寿司飯にまんべんなく混ぜ、最後に焼海苔をちぎって加える。
3 海老は頭と背ワタを取って串を通し（130頁参照）、水に塩ひとつまみ（分量外）を入れて3〜4分茹でる。赤色がよく出たら、ザルに上げて冷ます。殻をむいて、ひと口大に切る。

釜型雪月花椀
時代清朝菱形桃絵皿
輪島塗溜塗瓢型小吸物椀
貝型小蓋物
表朔造菱盆

「お湯に落とすと瞬間的に縮んでしまうので、水から茹でます。その後、冷水に落とすと色はよく発色しますが、風味は損なわれるので、ザルに上げ、うちわで扇ぎ冷ますのが本来であります。必ず冷めてから殻をむいてください。熱いうちに殻をむくと、折角の赤い色素が殻に残ってしまい、彩りが悪くなります」。

4 器に②を盛り、一面に錦糸卵を敷いて③の海老をのせ、木の芽を添える。寿司生姜は別盛りにする。

赤貝のぬた

赤貝に、鹿の子に包丁を入れる。分葱は湯がいて中のとろみをしごき出し、2cm長さに切る。白の焚味噌に酢を合わせた酢味噌で和えて器に盛り、防風を添える。

蛤のお吸い物

1 蛤は殻が開きやすいよう、出刃包丁で蝶つがいに包丁を入れておく。

2 殻から身を外し、一番出汁と水を鍋に入れ火にかけ、煮立つ寸前に蛤を加える。八割五分程火を通し、食べやすい大きさに切り分け、椀に盛る。

3 残った出汁を漉し、薄口醤油、塩、酒で味を調え、椀に張る。木の芽と撚りうどを添える。

観桜

月次の歳時記

「清水へ　祇園をよぎる桜月夜
　こよひ逢ふ人　みなうつくしき」
　　　　　　　　　　与謝野晶子

　一年を通して最もこの祇園・清水界隈がさんざめく時が、四月上旬のお花見の頃であります。誰しもが何か浮き浮きと陽気な気分に浸ることができる、このほんの一週間を、日本人が如何に心待ちにしているかを表している名歌であります。

　我が祇園町では四月一日に「都をどり」が開幕いたします。「富美代」さんや「一力」さんなどお茶屋が続く軒先に、団子繋ぎの紅い提灯が提げられると正に翠帳紅閨、春爛漫の賑わいでございます。

　明治維新によって千年間栄えた都が東京へ移り、京都中がかつて経験したことのない喪失感に覆われました。そこで京都に元気と活力を蘇らすため国を挙げて内国博覧会が催されました。その余興として始まりましたのがそもそも「都をどり」の由来でございます。場内暗転の中「都をどりはよいやさぁ～」の誠に艶めかしい嬌声の掛け声と共に一瞬に照

明が灯り、色とりどりの衣装を身に纏った芸妓・舞妓衆の登場する瞬間は、何度経験しても心浮き立つ時でございます。
お陰様でこの時期は手前どもも、御来店のお客様は言うに及ばず、お花見のお弁当やお茶屋さんへの御出前でてんやわんやの忙しさとなります。
夕暮れ時にもなりますと、店の二階の窓を開けると一丁先から木の焼ける香りが漂います。世に名高い祇園の夜桜を照らす篝火がすぐそこに燃え盛っております。
お献立は桜の薄紅色をイメージして、海老のおぼろを甘辛く味付けましたご飯に、新物の翡翠豆をあしらいました。この頃出始める筍と木の芽味噌の相性は抜群で、春の色香がお口いっぱいに広がります。やはり「柳緑花紅」の取り合わせが一番京都を代表する色合いと申せましょう。目にも鼻にも舌にも耳にも、そのことを一番実感して頂く瞬間でございましょう。

写真＝円山公園の祇園枝垂桜

観桜

献立

おぼろ桜丼

筍と百合根の木の芽和え

おぼろ桜丼

【材料】 4人分

車海老(30g)…9尾

えんどう豆…100g

酒、みりん、砂糖、塩…各適量

熱ご飯…小丼4杯分

【作り方】

1 海老おぼろを作る。海老5尾は殻をむいて背ワタを取り、1cm程度に切り、酒、みりんと共にフードプロセッサーにかけて粉砕する。これを鍋に移して火にかけ、ヘラでよくかき混ぜながら、焦げないように注意して弱火で水分をとばす。徐々に砂糖と塩少々を加え、味を調える。粒子が細かくなるまで煎り煮する。

2 海老残り4尾は、熨斗串をして湯がいておく(123頁参照)。

3 えんどう豆は、さやから外してボウルに入れ、ひとつかみの塩を加えてよくもみ込む。「豆と豆をすり合わせるようにもむことで豆の表面に傷が付き、塩がかすかに浸透し、また、熱伝導がよくなり褪色が防げます」。

4 表面に水気がしみ出し、色が鮮やかになったら水で洗い水気をきる。別鍋に湯を沸かし、えんどう豆を柔らかくなるまで炊く。

5 熱ご飯を器に盛り、①の海老おぼろをまぶし、②の湯がいた海老、④のえんどう豆をのせる。

筍と百合根の木の芽和え

1 百合根は、1片1片外して水洗いし汚れを取る。水洗いで取れないものは包丁で削る。水から湯がく。筍は湯がき、硬ければ隠し包丁を入れ、適当な大きさに切る。

2 木の芽を当たり鉢で当たり、青寄せ(※)を加えてさらにすり混ぜ、まだらにならないよう白焚味噌を少しずつ加えすり混ぜる。

3 ボウルに筍と百合根を入れて混ぜ、②の木の芽味噌を加えてよく和え、器に盛る。

※青寄せ…法蓮草の葉をフードプロセッサーで粉砕し、沸騰した湯に入れ、浮き上がった緑色の色素をすくい上げ、フリーザーで急冷したもの。

雲錦蒔絵独楽椀
永楽得全造 都をどりかわらけ
魯山人造 赤絵徳利
仁清花筏絵猪口
播磨屋好み箸置
太極木地盆

端午の節句

月次の歳時記

干支で申しますところの、例えば子年、丑年、寅年のように、年にはそれぞれ十二支の呼び名が存在することは皆様ご案内の通りでございますが、意外とご存じないのが、月にも日にも時刻にもそれぞれ干支が割り当てられているということでございます。

端午の「端」という字は、文字通り「端＝はし」、転じて〝ものの始まり〟を意味し、従って端午とは「初めの午の日」を指します。五月が午の月でありますから、午の月の初めの午の日を「端午の節句」といたしました。

午という字は十二支において七つ目に当たり、ちょうど中心に位置しております。一日二十四時間を十二分割すると、ちょうどその真ん中に当たり、真昼の十二時が午の刻、即ち、正午とされております。それ以前を午前、それ以降を午後と申しますと、皆様「成程」と膝を打たれるはずでございます。また数字で申しますと、一から九までの中心が五でございますことから、こちらの五も物事の中心を表します。

この午と五の音韻の共通性を持って、五月五日という日がお節句となったのではないでしょうか。五は色で表すと黄色、即ち、五黄と呼ばれ、陽数の中でも最も精気充溢した強い数でございます。例えば、北京の紫禁城の屋根はこの五黄から取って、全て黄色に彩色されております。東夷南蛮北狄西戎、その中心に紫禁城があるという中華思想の表れでございます。

お節句に付き物の菖蒲の花は「尚武」を連想させ、その鋭い葉先を剣に見立てて男子の武運長久を祈ります。

お献立は、これまた縁起物の粽と鯛の兜汁を合わせました。粽と言えば創業五百年を優に超える「川端道喜」さんの専売特許でございます。御所には「道喜門」と呼ばれる通用口があったぐらいの、代々の皇室が最も大事にされていた「御粽司」の老舗でございます。

手前どもでも先々代のご当主にはよく京都の有職故実についてご指導賜りました。京都人にとりまして、お菓子の中でもこの道喜さんの粽はまったく別格であり、これを到来物として頂きますと、まず神棚に供え、それから御仏壇に供え、その後、御下がりを頂戴するというぐらいの重々しさと有難さを兼ね備えた逸品でございます。亡くなりました父方の祖父母も母方の祖母も必ずお供えしていたことが今もはっきりと記憶に残っております。

この道喜さんの名物には遠く及びもいたしませぬが、少しでもその典雅な麗しさに近づければと練習を重ねました。

今回は鯛と海老を使って、その成果をご披露させて頂きました。

この時季葉が茂る八角蓮を手入れする
母である大女将・森川洋子

 写真＝男子の武運長久を祈る菖蒲の花

端午の節句

献立

粽寿司
鯛の兜汁

粽寿司

【材料】 8本分

寿司飯（122頁参照）…250g
鯛（造り身）…4枚
車海老（30g）…4尾
熊笹の葉（乾燥）…24枚
い草…8本　木の芽…8枚
寿司生姜、塩…各適量

【作り方】

1 寿司飯は人肌くらいの温かさまで冷まし、湿らせたさらしで巻き、円錐形になるよう形を整える。

2 鯛はお造り身のように比較的細長くへぎ造りにして塩をふっておく。

3 海老は熨斗串を打って塩を入れた湯で湯がき、腹側に縦に切り目を入れ開く（130頁参照）。

4 ③の海老の腹側に木の芽を1枚のせ、その上に①の寿司飯をのせ、さらしを使い円錐形に整える。②の鯛も同様にする。

5 熊笹は塩を入れた湯（80℃）で40分茹でる。い草は水で濡らしておく。
「熊笹、い草は最初に水できれいに洗い、拭いておきましょう。い草は折るとちぎれるので注意が必要です」。

6 熊笹の葉3枚を、裏を内側にし、根元を重ねて扇形に広げた上に④をのせ、い草1本で等間隔に巻いていく。熊笹の茎を2cm程残して切り、整える。巻き方は172頁参照。

7 器に盛り、寿司生姜を添える。

鯛の兜汁

1 鯛の頭は4等分くらいに出刃包丁で切る。きつく塩をふって30分以上おき、熱湯で霜降りして流水でよく洗う。

2 鍋に昆布を敷いた上に①をのせ、ひたひたの水と2割の清酒を加え、弱火でことこと煮、アラから味を抽出する。味が十分出たら、身を器に盛り付ける。

3 煮汁に薄口醤油を数滴加えて味を調え、最後にしぼり生姜少々を加え、器に張る。天盛りに木の芽と撚りうどを添える。

魯山人造 備前火襷皿
叶松谷造 色絵兜絵碗
旭日留塗り茶托及び蓋
取り皿：魯山人造 織部

夏越の祓

月次の歳時記

献立

新生姜ご飯
茗荷と胡瓜の漬物
百合根と鰻の蒲焼の柳川風卵とじ

「水無月の夏越の祓する人は
千歳の命延ぶというなり」
『拾遺和歌集』より

先述の通り、四神相応の地である京の町が遷都以来、数々の天災を乗り越えながらも現在もその往時の町並みを保っているのは、この恵まれた立地に因るところが大きいと思っております。

その反面、風通しの悪さから来るそのえも言われぬ蒸し暑さは夙に有名でございます。故に京の町屋はこれまた有名な京の底冷えに対応することよりも、まずこの暑さ対策に重きを成した構造となっております。正にこの夏を乗り切ることこそが京都人、最大の難事でございました。

この時季どうしても冷たいものをお召しになる機会が増えると思いますが、逆に身体を温める効果のある生姜の新物が出回る季節となります。冷房などで身体を冷やし過ぎないためにも、この生姜を活用して頂きたく思います。

寛次郎先生の辰砂の手付鉢に滋養溢れる鰻と、これまた新物の百合根を卵とじとして合わせました。

写真＝八坂神社の茅の輪くぐり

永楽妙全造 金蘭麦藁蓋向付
河井寛次郎造 辰砂六角香合
叶 松谷造 勾玉緑交趾箸置き
割杉筏盆
河井寛次郎造 辰砂手付鉢

新生姜ご飯

[材料] 4人分

米（洗って乾かす）…2合
干し海老…50g
新生姜（大きめのもの、千切り）…40g
出汁（47頁参照）…414cc
酒…小さじ4
薄口醤油…小さじ2
塩…小さじ1/5
実山椒（42頁参照）

[作り方]

1 土鍋に米、干し海老、新生姜を入れ、出汁、酒、薄口醤油、塩を入れて蓋をし、強火にかける。

2 ぐらぐらと3～4分炊き、少し火をゆるめ、沸騰を少しおさめる。
「調味料を入れている分、早く焦げ付くため、水気がなくなってきたら火加減に注意し、調節をしてください」。

3 土鍋の底にかすかにパリパリと音がしたら火を止め、蓋をしたまま10分余熱で蒸らす。

4 蓋を開け、底から間に空気を入れるように、杓文字で丁寧にふんわりとかき混ぜる。

5 器に盛り、実山椒を添える。

茗荷と胡瓜の漬物

それぞれ食べやすい大きさに切り、器に盛り合わせる。

百合根と鰻の蒲焼の柳川風卵とじ

出汁に百合根を入れて火にかける。八割くらい火が通ったら、鰻の蒲焼と酒、みりん、濃口醤油を加える。沸騰したら、溶きほぐした卵を回し入れ、三つ葉を散らす。

祇園祭

月次の歳時記

京の町中に住まいする者にとって、七月という月は特別な存在でございます。祭月と言われるほど朔日《ついたち》から丸々一ヶ月間、祭事が続きます。言うまでもなく日本三大祭りの一つである祇園祭は、八坂神社のお祭りでございます。京都人は八坂神社とは言わず、通常「祇園さん」と尊崇と親しみを込めて呼ばせて頂いております。

中でも十七日と二十四日の山鉾巡行は誠に絢爛豪華な一大ページェントではございますが、本来はその宵に執り行われます先祭りの神幸祭と、後祭りの還幸祭での「おみこっさん」の渡御こそが本番といえます。その御神輿さんは三基ありまして、中御座・東御座・西御座として、それぞれ担ぎ手を三条・四条・錦の若い衆が担当することになっております。

当店の玄関先に中御座と東御座の二基の御神輿さんが御渡りになり、そこで威勢よく金無垢の御神輿を差し上げ、手打ちをなさいます。そのとき誠に畏れ多いことですが、内陣にて拝礼をさせて頂きます。去る年の無事を感謝申し上げ、来る年の無事をお願い申し上げるのが、亡き父よりの吉例とさせて頂いております。

またこの時季、最も美味しくなる鱧はお祭りには欠かせません。半分は付け焼きに、残り半分は白焼きのまま市松模様に盛り付けました。源氏の白旗、平家の赤旗になぞらえて、これを源平焼きと称します。飴色になった網代の御膳に叶松谷先生のこれまた網代の夏碗を設え、涼感を演出いたしました。

献立

鱧の源平丼
焼き茄子とじゅんさいのすまし汁

鱧の源平丼

【材料】4人分

鱧…1尾
塩…適量
かけ醤油［酒2：みりん1：濃口醤油0.2を合わせたもの］…適量
熱ご飯…小丼4杯分
鱗柚子　木の芽

【作り方】

1 鱧は骨切りして5cm幅に切る。半分を塩焼き、もう半分をたれ焼きにする（「源平焼き」という）。

2 器に熱ご飯を盛り、半分に切った①を市松模様にのせる。塩焼きには鱗柚子、たれ焼きには木の芽を添える。

焼き茄子とじゅんさいのすまし汁

1 茄子は網で焼いて皮をむき、輪切りにする。じゅんさいはさっと湯通ししてボウルに取り、氷水に当てて冷やし、殺菌する。

2 鍋に出汁、①を入れ、少し出汁煮込みをする。酒、薄口醤油、塩で味を調える。

写真＝夏の空に映える長刀鉾

叶 松谷造
色絵網代平蓋物、赤絵金蘭花唐草小吸物
楠部彌弌造 銀彩翡翠箸置き
長円型溜め塗り木地盆

八朔

月次の歳時記

八朔とは文字通り「八月朔日」を縮めたものでございます。別名「氷の朔日」と申します。一年で最も暑さの厳しいこの時季、一番稀少価値のあるものは何でございましょうか。それは氷でございましょう。冷凍技術が発明されるまで、もちろん夏に氷を作る方法はございません。冬に自然にできた氷を半年以上も溶かさずに保存せねばなりません。

京都の北山に氷室神社というお社がございます。盛夏に御所へこの一番貴重な品を献上するために、そこの境内に穴を掘り岩石で囲い、氷を貯蔵する、所謂〃氷室〃を設えました。殿上人も現在ではとても想像がつかないくらいの有難さをもってこの献上品を喜ばれたことでありましょう。

この御所の習わしには遠く及びませぬが、町衆の間では十二月十三日の事始めと同じく、御贔屓筋や主家・本家筋へのご機嫌伺いに、暑中・お中元のご挨拶に伺うのが慣例となっております。

殊に祇園町・先斗町・上七軒・宮川町などの花柳界での、炎天猛暑の中、絽や紗の黒紋付の正装で姐さん芸妓が妹たちを従えて各お茶屋を廻る光景は、プロ・アマともカメラマンにとり格好の被写体となるものであります。各店の玄関先には数十台のカメラが並び、各々ベストショットを窺う有様は、夏の隠れた風物詩と言えるものであります。

お献立は暑気払いとしてどこまでも清涼感を大切に。器は氷をイメージする三嶋りつ惠先生のガラス器を揃えました。

三嶋先生は京都にも居を構えておられますが、ほとんどの作品はヴェネチアのアトリエでお作りになっておられます。ガラス特有のネガティブな無機質感は微塵にも感じさせず、あたかも土物の陶器のようなずっしりとした量感を備え、かつ京焼のような華やかさをも感じさせる不思議な作品だと思います。

この三嶋先生自体が大変明るく気さくなお人柄で、そのバイタリティたるものは、同じ〃ものを創る〃という立場の人間といたしましては、まったく見習わなければならないことだと存じます。格調の中にも器への愛情が溢れ、はち切れんばかりの息吹を感じることができ、それに負けないように新鮮な材料を使い、また、出来立てを盛りきらなければ料理が負けてしまいます。実に緊張感があって楽しい時間でございます。

焼き茄子と叩きオクラ、割り土佐醤油の汁かけご飯

【材料】4人分

茄子、オクラ…各4本
塩、割り土佐醤油（出汁（47頁参照）・土佐醤油（172頁参照））…各適量
熱ご飯…小丼4杯分
青柚子

矢口永寿造 仁清写輪花鉢
三嶋りつ惠造 ガラス器2種
西洋葉皿（Antique Chocolat）

献立

焼き茄子と叩きオクラ、割り土佐醤油の汁かけご飯
雲丹とじゅんさいの酢の物—柚子風味
蒸し野菜冷製 柚子味噌添え

作り方

1 茄子は皮目に7㎜間隔で縦に切り目を入れ、強火で真っ黒になるまで焼く。「焼き過ぎと思われるくらい、皮が黒焦げになった状態までよく焼きます」。

2 氷水に表面だけを浸け、皮をきれいにむき、流水で洗う。包丁を入れて形を整える。「皮目に切り目が入っているので、縦の繊維に沿ってむくことができます。むいた皮が残っている氷水に長時間浸けておくと焦げ臭さが取れなくなります」。

3 オクラはがくをむき取って塩で磨き、さっと洗って塩をひとつまみ加えた熱湯で茹で、氷水に落とす。水気をきり、包丁で叩く。

4 器に熱ご飯を盛り、②の茄子で③のオクラを挟むようにしてのせる。青柚子を添え、割り土佐醤油をかける。

雲丹とじゅんさいの酢の物—柚子風味

雲丹とじゅんさい（殺菌・78頁参照）に、冷やした土佐酢（172頁参照）をかける。雲丹に松葉柚子を添える。

蒸し野菜冷製 柚子味噌添え

1 南瓜、スナップエンドウ、丸十（薩摩芋）はひと口大に切り、蒸す。

2 才巻海老は茹で、器に盛る。白味噌に青柚子をふったものを添える。

月次の歳時記

五山の送り火

　七月を祭月とするならば八月は何かその、追悼の月と申しますか、ご先祖様への追慕と感謝を心に強く意識する月であると思います。中でも「お精霊さん（おしょらいさん）」をお迎えする通称「お盆」と呼ばれる盂蘭盆《うらぼん》会《え》には、京のお家それぞれに代々のスタイルが受け継がれております。

　東山、六道の辻に六道珍皇寺、通称「六道はん」がございます。ここの鐘をつくと、それをお聞きになったご先祖さんが、黄泉の国から各家々へ迷わずお帰りになれるという習わしでございます。

　私も物心ついた時から毎年祖母に連れられ、姉と一緒にこの鐘をつきに参りました。その御堂に大きな閻魔像と地獄絵図の御軸が掛けてあり、その絵の恐さは五十年経った今でも鮮明に脳裏に焼き付いております。嘘を吐くと舌を抜かれて地獄へ落ちるなどと祖母に諭されました。昔はこういった形で子どもの頃より世の中の道理を教えるという身近な機会がたくさんありました。

　お盆をそれぞれの家で過ごされたご先祖さんがお帰りになる時、各々の玄関先では門火を焚いてお精霊さんをお送りいたします。五山の送り火も今となっては観光の風物詩となりましたが、本来は京都人が一丸となってご先祖さんに感謝して、また来年お待ちしております、生かして頂いて有難うございます、と心を込めてお祈りする、誠に厳かなものであります。私などは階上でその燃え盛る「人」という文字の灯を目の当たりにすると、心の奥から何とも言えない感情が込み上げてきて、思わず落涙することもございました。

　本日はお精進の意を込めて蓮ご飯を炊きました。手前どもで修業をしております者の実家が湘南で有名なお寺でございます。そこには名高い大賀蓮という種類の立派な蓮が生息しております。その葉を細かく刻み、サッと塩茹でして、炊き上がりのご飯に混ぜたものを菊の物相《もっそう》を使い、これまた年代物のロイヤルコペンハーゲンの蓮の器に盛り付けました。精進料理の代表である白和えとお味噌汁を添えました。

写真＝蛤御門から見る送り火

五山の送り火

年代物の
ロイヤルコペンハーゲン 蓮花皿
(Antique Chocolat)
白井半七造 乾山写湯呑
バーナード・リーチ造 取り皿
時代根来塗足付膳

献立

蓮ご飯
丸十と焼き万願寺唐辛子のお味噌汁
白和え

蓮ご飯

【材料】4人分
蓮の葉…1枚
白ご飯…280g
塩…適量　奈良漬け

【作り方】
1　蓮の葉は塩でもみ、流水にさらしてアクを出し、さっと湯がいて千切りにする。
2　ボウルに白ご飯、①、塩少々を入れ、混ぜ合わせる。
3　蓮の型を軽く水で濡らし、②を詰め、型を抜いて器に盛る。奈良漬けを添える。

丸十と焼き万願寺唐辛子のお味噌汁

丸十（薩摩芋）は丸く型を抜き、ゆでる。万願寺唐辛子は包丁で穴をあけてから、焦げ目が付く程度に焼く。鍋に出汁を入れて火にかけ、温まるにつれ徐々に味噌を味噌漉しを用いて溶き入れる。器に丸十と万願寺唐辛子を盛り、味噌汁を注ぐ。

白和え

1　揚げ麩は2㎝に切ってザルに入れ、熱湯をかけて油抜きし、冷ます。蒟蒻は長さ2㎝、幅5㎜の拍子木切りにし、揚げ麩と同様、熱湯をかけてアクを取る。ささげ豆も蒟蒻と同じ大きさに切り、さっと湯がいて冷ましておく。
2　豆腐はさらしで包んで2枚のまな板で挟み、上から重しをのせて2時間程水きりする。当たり鉢に移してよく当たり、砂糖、塩を加えて取り出す。
3　②のあいた当たり鉢に①を入れてよく混ぜ合わせ、薄口醬油を加えて味を馴染ませる。②の衣を少しずつ加えて合わせ、砂糖、塩を少しずつ加えて味を調える。

重陽の節句

月次の歳時記

河井寛次郎造 黒釉海鼠碗
輪島塗 菊畑蒔絵椀
永楽即全造 仁清写し菊向付
叶 松谷造 銀彩菊盃

重陽とは、陽の数＝奇数のうちで一番多い数、すなわち「九」が九月九日として重なるので、陽気が充溢する日として長寿長命を尊ぶお節句となりました。

能に「菊慈童」という曲がございます。姿は子どもながらも齢何百を数え、菊花の精となって永遠の命を得るという、誠に興味深い内容であります。斯様に菊は永遠の繁栄を意味し、誠に畏れながら、皇室を象徴する菊の御紋もこういうところに起因しているのではないかとご推察申し上げる次第でございます。

日本人にとりまして「菊」はただ単に花の一種というだけではなく、その姿と香りから来る独特の気位は、二千年を優に超える我が民族の歴史的伝統を背景にもっているからこそ生まれるものではないでしょうか。

その故事に倣い、必ず菊の花びらを清酒に浸し、いわゆる「菊花酒」として供します。

お丼は、望月に見立て、河井寛次郎先生の黒釉碗に、卵かけご飯をご用意いたしました。器やお料理はすべて菊に因み、永楽さんの仁清の菊畑の扇面に、この頃に旬を迎える明石の菱蟹を、また漆黒に蒔絵の金が浮き立つ菊畑のお椀に、これまた菊花蕪を設えました。京の夏の厳しさもそろそろ峠を過ぎ、一足早い秋の気配を感じて頂くお献立でございます。

献立

望月ご飯
菊蕪のおつゆ
菱蟹と大徳寺と菊菜の酢の物
菊酒

望月ご飯

【材料】 4人分

卵黄…4個
熱ご飯…小丼4杯分
土佐醤油（172頁参照）…適量

【作り方】

器に熱ご飯を盛り、真ん中に小さなくぼみをつけ、土佐醤油をたらす。くぼみに卵黄をのせる。

菊蕪のおつゆ

1 小蕪は皮を分厚く十文字にむき、間の角をむくように八角形にむく。更に角をむいていくと十六角形、三十二角形になり、ほぼ球体になる。包丁で面が滑らかになるようにする。頂点に十文字に切り目を入れ、その延長線上に底辺から1cmくらいの切り目を入れる。その中間に底辺と頂点から間が交互になるように長い切り目と短い切り目を交互に入れると菊花蕪になる。

2 鍋に①の蕪と水をかぶるくらいに入れ、ことことと煮て柔らかくする。別鍋に出汁と昆布を入れた中に蕪を移しことこと煮る。

3 茹で立てを椀に盛り、葛をひいた出汁をかける。

菱蟹と大徳寺と菊菜の酢の物

1 大徳寺麩に熱湯をかけ油抜きをし、出汁で軽く煮込み、半月形に切る。

2 菱蟹は40分蒸して身をほぐし、しぼり生姜を少し加えた土佐酢（172頁参照）に浸しておく。

3 菊菜は湯がいて水によくさらし、ひと口大に切り、盛る直前に土佐酢に浸す。

4 ①～③を器に盛り、黄身酢を添える。

菊酒

おちょこに菊の花びらと砕いた氷を盛り、金箔をのせる。日本酒を注ぐ。

写真＝重陽神事の菊酒

十三夜

「十五夜」「十六夜」「三日月」「望月」「十三夜」……。

日本人ほどお月様にその時々の時候や形状をして、さまざまな名称をあてがい、その文字や語韻からくる情緒を楽しむ人達を他に知りません。この呼び名は日本六十余州、無数に存在いたします。

現在では想像もつきませんが、明治になって電燈が灯るまで、日が暮れてからの長い夜は、どんなに心細かったでしょう。その反面、月の光はどんなに有難かったことでしょう。

現代人にとって、この「月」という誠に有難い稀有なる存在が、「お月見」などの非日常的な機会をもってしか再認識できなくなったことは、実に心寂しい事と存じます。

樋口一葉先生の短編に『十三夜』という佳作がございます。私はこの原作を基にした新派のお芝居を拝見して感動した覚えがございます。舞台の家屋には誠に慎ましやかなお月見の供え物の道具が整えられ、障子の窓越しに微かにお月さんが照り、虫の声が遠くに聴こえるといった風情で、このなんともシリアスな人情話に、もの哀しくも優しい雰囲気を醸出させておりました。

この二～三週間が、紅葉時のハイシーズンを前にして、京都が一番落ち着く季節でございます。秋の旬菜もちらほらと出始め、肌寒くもなく、暑くもなく、気候的にも誠に快い好機と存じます。

お献立は松茸ご飯を主として、あまりその存在を表に出さず、秋の夜長の静けさを感じて頂けるような風合いに重きを置きました。

献立

松茸ご飯
鱧と松茸の土瓶蒸し
松茸と水菜のお浸し
煎り銀杏

松茸ご飯

【材料】 4人分

松茸（小ぶりのもの）…4本
米（洗って乾かす）…3合
一番出汁（47頁参照）…米の1.15倍量
昆布…1かけ　酒…出汁の1割
薄口醤油、塩…各少々

【作り方】

1 松茸は石づきを除き、濡れ布巾でさっと表面の汚れだけを除き、薄切りにする。

2 土鍋に米を入れ、①の松茸をのせ、一番出汁、昆布、酒、薄口醤油、塩を加え、炊き上げる。

鱧と松茸の土瓶蒸し

鱧は骨切りをし、3cmくらいに切って霜降りをし、冷水にさらしてアクを取る。土瓶に鱧、松茸を入れ、塩、薄口醤油、砂糖で加減した一番出汁を注ぎ、ごくとろ火で松茸の香りを抽出させる。沸騰寸前にアクを取り、三つ葉を加える。酸橘を添える。

松茸と水菜のお浸し

松茸は焼いてほぐす。水菜は湯がき、2cm長さに切る。出汁に浸け込み、薄口醤油と酸橘の搾り汁で味を調える。

煎り銀杏

銀杏を塩煎りにする。

永楽即全造 仁清麦藁飯茶碗
乾山写 絵変わり金彩俎板皿
備前急須
永楽即全造 赤絵金蘭菊水絵盃
白萩片口
永楽即全造 浅葱交趾小皿

紅葉狩り

「時雨をいそぐ紅葉狩り、
時雨をいそぐ紅葉狩り、
深き山路を尋ねん」

お能の『紅葉狩』の一節でございます。桜時分のお花見のように「見る」とは申さず、「紅葉を狩る」という言葉を宛がうところが日本語の難しさ、面白さでございます。この「狩る」という言葉には、未だ立ち入ることのなかったところへ足を踏み入れるというような、未知への好奇心を伴う期待感をも連想させてくれます。

我が京都は三方を山に囲まれ、市街から数分で山辺の紅葉を間近に見物することができます。中でも洛西・高雄の紅葉は天下に名高く、その極彩色は正に西陣織の錦の帯そのものでございます。

かの昔、三都には幕府公認の遊所がございました。即ち、江戸の吉原、京の島原、大阪の新町でございます。それぞれに諸芸全般、色香を争い、その絢爛華麗さを全国に轟かせておりました。その最高位の遊女を吉原では花魁といい、代々その時代のトップは高雄太夫を名乗りました。ちなみに、京・島原の最高位の遊女は太夫（こったいさん）と呼ばれ、代々そのトップは吉野太夫を名乗りました。春は桜、秋は紅葉と、天下第一の名勝を「解語の花」の名としたところが、誠に風流の極みでございます。

お献立は山の景色そのままに、もち米の飯蒸しに季節の色を合わせ、吹き寄せといたしました。溜め塗りの網代の籠が風情を添えております。鰆に唐墨をのせ、香ばしい薫りを出し、「紅葉焼き」と名付けました。魯山人先生のお器は決して料理の邪魔をいたしません。紅葉の絵付けがとてもよい具合に料理の脇役となっております。

 写真＝紅く色づく京の紅葉

献立

焼穴子と銀杏・柴漬け・青じその大原女飯蒸し
鰆の紅葉焼き
吹き寄せちらし

焼穴子と銀杏・柴漬け・青じその大原女飯蒸し

【材料】4人分
もち米…400g　焼穴子…2本
柴漬け…30g　銀杏…20個　青じそ…5枚
酒…大さじ3　薄口醤油…小さじ1
みりん、塩…各小さじ1/5

【作り方】

1 白蒸しを作る。もち米は洗米して一晩水に浸ける。よく水分を吸い込んだ状態でさらしで包むようにザルに入れ、蒸気が上がった蒸し器で蒸す。50分を目安に硬さを確かめる。この時塩水（分量外）を手でふりかける。再び蒸し、つごう1時間余りで蒸し上がる。
「柔らかく、一粒一粒が立ち、もちっと感が残るように蒸し上げてください」。

2 飯切りに移し、表面が乾かないように濡らしたさらしをかけ、常温に冷ます。

3 焼穴子は約3cm幅に切り、さらに4つ切りにする。
「横に切るだけでは骨が長く横に残ってしまう恐れがあります。白焼きの場合はトースターで焼き、たれを塗るとよいでしょう」。

4 柴漬けはみじん切りする。銀杏は殻を割ってむき、塩茹でして水に落とし、皮をむいて縦半分に切る。青じそは千切りして水にさらす。

5 ②の白蒸しに酒をふりかけて手で馴染ませ、調味料を受け入れる下地を作る。薄口醤油、みりん、塩で味を調える。
「酒ともち米は同源であるため、とても馴染みやすく吸収されやすいですが、薄口醤油と塩は入れ過ぎると具材の味が引き立たなくなります」。

6 ⑤に具を混ぜ合わせて器に盛り、蓋をせずに10分蒸す。
「もち米は蒸し過ぎるとべちゃべちゃになってしまうので、蒸し過ぎに留意してください」。

鰆の紅葉焼き

鰆は約30分前に下塩をする。串を刺し、焼く直前にさらにふり塩をする。皮目から強火で焼き、焦げ目が付いたら裏返して身を焼く。焼き上がりに酒を塗って唐墨粉をかける。器に盛り、酸橘を添える。

吹き寄せちらし

しめじは雲丹を塗って雲丹焼きにする。椎茸と海老はしんじょう焼き、車海老は黄身焼き、鶉卵は明太子焼きにする。これらを彩りよく盛り合わせる。

網代の籠
魯山人造　紅葉の器
紅葉蒔絵手彫扇面盆

新嘗祭

現在では、国民の祝日（勤労感謝の日）と呼ばれております十一月二十三日こそ、宮中で行われる最も重要な祭事である「新嘗祭」が執り行われる日でございます。畏くも天皇陛下御みずから、その年に収穫した新米をお供えなさり、感謝を込めて、来る年の五穀豊穣と国家安泰を神様にお祈りあそばします。

『古事記』では「豊葦原之千秋長五百秋之水穂国（とよあしはらのちあきながいほあきのみずほのくに）」と呼ばれる我が日本は、その字の如く、葦が豊かに生え、実り多い秋が永遠に続き、水が豊かで稲穂が繁るという素晴らしい国柄でございます。

中でも、その豊かな水とお米を育んできた歴史は、単に食べ物という枠を遥かに超え、民族の成り立ちの根幹を占めるものといっても過言ではありません。

「一粒のお米を作るのに、どれだけの御苦労が込められているか。考えなさい。ご飯を残すとバチが当たります」と、よく祖父母に怒られました。今では逆に、私がそれを言う立場の歳となりました。

食の西洋化が進み、米離れが叫ばれる今、改めてこの最も日本人の歴史にとり、欠くべからざる唯一無二の宝物の有難さを再認識すべきだと存じます。

お献立は、新米の炊き立てのご飯が第一の御馳走でございます。寿ぎと感謝を込めて、鯛の紅白造りを、永楽保全の扇面に盛り付けました。

献立

白ご飯
鯛のお造り

白ご飯

【材料】

米

【作り方】

1 底の平らなボウルに米と米の量の4～5倍の水を注ぎ、よくかき混ぜ、汚れやごみを洗い流す。これを2回繰り返し、米がひたひたになる量まで水を捨て、軽く米と米をすり合わせて、ぬか臭さを取り除くようにボウルを回しながら研ぐ。

2 たっぷりの水を注ぎ、濁った水をまた捨て去り、さらに2度繰り返す。勢いよく水を注ぎ入れ、軽くかき混ぜて水を捨て去る。これを研ぎ汁が透明になるまで繰り返す。
「この作業を『かす』と言います」。

3 大きめのザルにあけ、30～40分米を乾かす。
「現代のお米は十分に水分を含んでおりますので前日から水に浸けておく必要はなく、かえって水に浸すことによりでんぷんが流れてしまう弊害が生じます。炊く前にお米を乾かしておくということが、水分の吸収を滑らかにして、芯の残らない、ふっくらとしたご飯を早く炊き上げるための第一の必要条件であります」。

吉賀將夫造 萩茶碗（伊藤園 本庄八郎蔵）
永楽保全造 半開扇面向付
叶 松谷造 小付 みみつき
平安象彦造 花丸蒔絵盆

4 土鍋に米を入れ、乾かした米の1・15倍量の水を加え、蓋をして強火にかける。
「沸騰させてぐらぐらとお米を立たすことが大事です。お湯がこぼれてしまう場合は、ためらわず蓋を開けてください。お湯がこぼれると水加減のバランスが崩れ、失敗するリスクの方が高まります。絶対に蓋を取って蒸気や熱を逃してはいけないのは、火を止めて熱量の補給が遮断された後のことです」。

5 米をぐらぐらと3～4分炊き、少し火をゆるめ、沸騰を少しおさめる。
「この時すでに水分はほとんどお米に吸収されているはずです。ここからは聴覚、嗅覚を敏感にしてください」。

6 鍋の底にかすかにパリパリと音がしたら、火を止める。土鍋の場合はブレーキをかけても余熱で少しはお焦げができ、このお焦げが大切な副産物にもなる。

7 余熱を逃さないように、布巾やタオルでくるみ、蒸気穴を濡れ布巾でふさいで10分おく。蓋を開け、杓文字で丁寧に底から間に空気を入れるようにふんわりとかき混ぜる。
「槇や檜などの木製のおひつに移すと、最も美味しいご飯が頂けます。お酒を仕上げに入れると艶がよくなります。水の量はあくまで基準で、お米の状態も千差万別、まさにお国自慢です。新米と日がたったものでも異なります。ご自身のお好みのお加減を体得なさることが一番であります」。

鯛のお造り

鯛を三枚におろし、背と腹に木取る（105頁参照）。背方を平造りにして器に盛り、山葵を添える。醤油を添える。

月次の歳時記

顔見世

温暖化の影響があってかどうかは定かではございませんが、紅葉の見頃も年々遅くなり、ここ数年は十一月の下旬にそのピークを迎えております。二十五日には、四条大橋の東詰に櫓を掲げております日本最初の歌舞伎小屋「南座」の正面は青竹矢来で飾られ、そこには整然と「まねき」が並べられます。このまねき看板が上がりますと、向こう一ヶ月間、この界隈をはじめ京都の町中はお芝居の話題で持ち切りとなります。今日では師走を表す季語ともなりました、京の顔見世興行でございます。一昔前まではその切符を入手するため、前売り開始前には徹夜組が出たほどでございました。

長年、京都人は普段は質素倹約を旨とし、あまり贅沢をよしとしない美風を尊んでまいりました。しかしながら年に一度の師走の顔見世には、着物を新調し、御贔屓の料理屋さんに折詰を注文して、その時だけは一年の憂さを忘れ、豪華な芝居見物を楽しむというの

「寄せ書き」
初代中村吉右衛門筆
「顔見世の楽屋入まで清水に」
八代目松本幸四郎画

が正しく吉例でございました。

東京での学生時代、三日に空けず歌舞伎座に通いました私にとりましても、小学校三年生の時、祖父母に連れられてこの顔見世を見物いたしましたのが初めての歌舞伎体験でございました。それから四十年以上、毎年欠かしたことはございません。

戦前までは東京の役者さんたちと京・大阪の上方歌舞伎の役者さんたちは、ほとんど一座することなく、互いに覇を競い合っておりました。しかしながら京の顔見世だけは、東西合同でほとんどの歌舞伎役者が勢揃いし、朝の十時から開幕し、幕が跳ねますのが深夜十二時を過ぎるという、稀に見る超豪華興行でありました。

「顔見世の楽屋入まで清水に」

初代 中村吉右衛門

これは歌舞伎役者として生前初めて文化勲章を受章なさった、初代中村吉右衛門先生の句でございます。手前ども浜作も、初代主人が芝居好きで、大の播磨屋贔屓でございました。また、父方・母方の二人の祖母からも、初代鴈治郎の顔の立派さ、舞台の大きさ、六代目菊五郎の踊りの素晴らしさ、七代目幸四郎の弁慶の豪快さ、特に初代播磨屋の抜群の芝居の上手さ等々、この季節になると耳に胼胝ができるくらい毎日毎日昔話を聞かされましたものでございます。六代目菊五郎、初代吉右衛門の舞台が如何に素晴らしかったかということがトラウマになり、あとはどんな舞台を観ても物足りないという価値観を共有する、こういった「昔はよかった」という芝居好きの御連中のことを、俗に「菊吉じじい」と申します。

時を経て、孫の私が、同じく初代のお孫さんでいらっしゃる人間国宝の当代吉右衛門先生のお食事のお世話を務めさせて頂いたことは、この上ない御縁と、心より感謝申し上げねばなりません。

お献立は、寒さが増すとともに美味しくなる浜作名物のふぐの薄造り「てっさ」を富本憲吉先生の「白雲悠々」のお皿に、京名物の味噌漬けを河井寛次郎先生の呉須皿に盛り付けました。

この頃、底冷えする京の寒さには、葛の餡かけものが身体を温めてくれます。河井寛次郎先生の蓋物がより一層温かみを加えます。

顔見世

献立

蕪のかま風呂蒸し 吉野餡かけ
真名鰹の味噌漬け
てっさ

蕪のかま風呂蒸し 吉野餡かけ

【材料】 4人分

聖護院蕪…¼個
白蒸し（92頁参照）…もち米240g分
ぐじ（30gの切り身）…4枚
百合根（茹でる）…8片　どんこ椎茸…1個
みりん、薄口醤油、塩、出汁溶き葛…適量
出汁（47頁参照）…500cc　酒…50cc
山葵

【作り方】

1　聖護院蕪は皮を分厚くむいて目の細かいおろし金でおろす。水嚢に移して熱湯をかけ、軽く水気をきって冷ましておく。
2　白蒸しと①を合わせ、みりん小さじ½強、薄口醤油、塩各小さじ⅕で味を付ける。
3　ぐじは人さめに切り、霜降りして冷水に取り、水気を除く。
4　器に具材を山高に盛り、それを覆うように②をかぶせて12分蒸す。
5　出汁と酒に、みりん、薄口醤油各小さじ1、塩小さじ½強で味を調え、出汁溶き葛でとろみをつけた銀餡を注ぎ、山葵を添える。

真名鰹の味噌漬け

1　真名鰹はしっかり塩をし、30分程おく。
2　白味噌（精製前の粒状のものが最適）500g、酒70cc、みりん50ccをよく混ぜ合わせて味噌床を作る。①の真名鰹を丸2日間漬ける。
3　味噌床から真名鰹を取り出して串を打ち、弱火でじっくりと焼く。16〜17分以上かけて焼くと焦げ目が付いてくるので、裏返して、さらにじっくりと焼き上げる。みりんをひと刷毛塗り、ふり柚子をして軽く炙る。
4　蕪は2cm角に切って、格子状に細かく切り目を入れ、塩水に1時間浸けた後、鷹の爪を入れた甘酢に漬ける。
5　器に③の真名鰹を盛り付け、④を添える。

てっさ

ふぐの薄造りに椿の葉をのせ、こうとう葱と紅おろしを添える。橙酢を添える。

河井寛次郎造 呉須中皿
富本憲吉造 白雲悠々色絵皿
永楽即全造 角海老小付
独楽盆

河井寛次郎造 合子蓋物

白朮《おけら》詣り

月次の歳時記

「女房も同じ氏子や除夜詣」

初代 中村吉右衛門

初代の播磨屋様、吉右衛門様ご夫妻は浅草のご出身でございますが、手前ども浜作は新町通に移る前、祇園さん（京都人は「八坂神社」とは言わず、親しみを込めて「祇園さん」とお呼びしております）の鳥居から表参道をほんの一丁下がったところに本店を構えさせて頂いておりました。

何かにつけ京都人の日常の生活ごとはいわゆる〝神さんごと〟を第一に考え、御祭事や月参りを、例えば東京出張などで欠かしてしまうと、何と申しますか一日気が落ち着かず、帰参いたしますと一日散にお詫びに伺うこととなります。こういう感覚が養われたのは物心がついてから十五、六歳まで一緒に暮らした明治生まれの祖父母の影響を色濃く反映したものでありましょう。

とにもかくにも一年の僻事・禍事を全てお祓いし、お清めし、いわゆる〝白朮《おけら》〟にしてしまい、心体共に、改めて新しい年をお迎えするために、一年の掉尾として我が氏神様に大晦日に伺いますのが、この白朮詣りでございます。

境内の大香炉から御火を火縄にお移しし、その火が消えないようぐるぐると回しながら家路を急ぎ、その御火を竈の種火としてお雑煮を煮上げます。元旦にそのお雑煮を頂くと一年間無病息災の無事を神さんに御加護して頂ける、という誠に有難い言い伝えがございます。氏子のみならず京都中からの参拝客で祇園界隈はごった返し、火縄の煙と香りが寒空いっぱいに広がります。

いわゆる年越し魚と申しますと、関東・東北では鮭でございましょうが、関西以西では鰤となっております。脂ののった鰤に大根をたっぷりと合わせ、さっぱりと仕上げ、河井寛次郎先生の平碗に盛り付けました。黒田辰秋先生の御膳には、「細く長くお達者に」という意を込めた年越し蕎麦を、また、一年のマイナス（負）をご破算にするというゲンを担ぎ、寛次郎先生の角箱におからを盛り合わせました。奥にございますのが、「蘇民将来子孫也」という有難い祇園さんのお守りでございます。

年越しの準備をする姉・貴代

献立

鰤ご飯
年越し(鰊)蕎麦
おから

河井寛次郎造 草花紋平碗
染付輪花筒向付
河井寛次郎造 鉄釉角箱
黒田辰秋造 四方盆

白朮《おけら》詣り

献立

鰤ご飯
年越し(鰊)蕎麦
おから

鰤ご飯

【材料】 4人分

鰤(100g)…4切れ
大根…¼本　米(洗って乾かす)…2合
出汁(47頁参照)…米の1・15倍量
酒…出汁の1割
片栗粉、小麦粉、サラダ油…各適量
薄口醤油、濃口醤油、塩、
　酒、みりん、砂糖…各適量
大根おろし　鱗柚子

【作り方】

1 大根は皮をむき、7~8㎜のさいの目切りにし、米と共に土鍋に入れる。出汁を加え、酒、薄口醤油、塩で味を調え、炊く。

2 鰤は、軽く塩をふって10分おき、水分が出たら片栗粉をまぶして4分おく。粉が鰤に密着したら小麦粉をまぶして10分おく。

3 フライパンに薄く油をひいて中火にかけ、②の鰤を皮目を下にして焼く。こんがり焼き色が付いたら裏返し、全面に焼き色を付ける。火からおろし、フライパンごと流水につけ、鰤の表面を洗う。

4 別のフライパンに酒、みりんを入れて火にかけ、アルコール分がとんだら、濃口醤油、薄口醤油を加える。沸騰したら③の鰤を入れ、全体にたれがしっかりと絡んだら取り出す。

5 ④のフライパンに残ったたれを煮詰める。味が薄い場合は、少量の砂糖と濃口醤油で調える。

6 器に炊き上がった①を盛り、その上に④の鰤をのせ、⑤をかける。大根おろしをのせ、鱗柚子を添える。

年越し(鰊)蕎麦

1 身欠き鰊は米の研ぎ汁に浸け、1日1回水を替えながら3日間かけて戻す。よく水洗いをして鱗や汚れを取る。番茶は2ℓの水で6~7分煮出し、冷ます。

2 鍋に鰊と番茶を入れて40分程煮る。ゆっくりと冷水にさらし、バットに並べて10分程蒸す。

3 別の鍋に酒カップ5、濃口醤油カップ1½、ザラメ300g、黒砂糖100gを合わせてひと煮立ちさせる。②のバットに注ぎ、40分程蒸す。一度冷まして味を含ませる。

4 別の鍋で出汁を火にかけ、薄口醤油、酒、みりんで味を調えたところに、湯がいた蕎麦を入れ、少し煮る。器に盛り、③の鰊をのせる。

おから

1 おからを空煎りし、細かく切った具材(蓮根、牛蒡、法蓮草、人参、油揚げ、椎茸)を加え、出汁少々を入れて煮る。

2 具材に火が通ったら、酒、薄口醤油、みりんで味を調え、焦がさないように水分をとばして仕上げる。

第三章

丼いろいろ

──協奏曲・交響曲・練習曲を思わせる
バラエティ豊かな丼の数々

土田麦僊画「車海老」昭和初年に浜作本店にて即興

叶 松谷造 瑠璃釉銀彩花絵蓋物五種
（手前から、桜、藤、朝顔、菖蒲、蘭）

鯛尽くし 五種

鯛は魚の王様、尾頭付きのその薄紅色の姿は四季を問わず、日本全国祝い事には欠かせません。

造身にする時、その皮を引くと淡い紅と白のストライプが現れます。

この鮮やかな紅白の紋様こそ、目出度い＝目出タイ＝鯛という語韻とも相まり、「晴れ」を象徴する存在となっております。

谷崎潤一郎先生、川端康成先生をはじめとした、名だたる食通の皆様に「鯛は浜作に限る」と長年に亘って御愛好頂いた当店の看板料理でございます。

鯛ご飯

私は、お造りに一番合うものは、白ご飯だと思います。

本当に日本人に生まれてよかったなと思える唯一無二の組み合わせでございます。

【材料】 4人分

鯛（平造り）…20切れ
出汁（47頁参照）…１６０cc
土佐醤油（１７２頁参照）…１００cc
熱ご飯…小丼4杯分
山葵　焼海苔

※材木は、一本の丸太をいかに効率良く柱や部材に切り取るか、そこに一番神経を払い、技術を要します。それに倣い、鯛の身を、お造りにしやすい形に包丁で切り分けることを「木取る」といいます。

【作り方】 4人分

1　鯛は平造りにする。
「鯛はまず、上身、下身と中骨の三枚に下ろします。その片身を中落ちに沿って包丁を入れ、背方と腹房に木取ります（※）。すなわち、上身と下身、背中とお腹、四つの部位（サク）に分けることができます。背方は平造りに適し、腹房はへぎ造りに適します」。

2　鯛をボウルに入れ、出汁、土佐醤油を加え混ぜる。
「お刺身のように生でも、煮ても、炊いても、焼いても、蒸しても、ご存じの通り鯛は魚の王様であり、存在感が違います。しかしながらしつこくないので、どんなお料理でも存在感を示しながらも決して邪魔をしません」。

3　器に熱ご飯を盛って②をのせ、②の残った漬けだれをかける。山葵と刻み海苔を別猪口に添え、頂くときにのせる。

祥瑞八角小付

鯛めし

炊き上がりを食卓へ鍋ごと運び、
蓋を取る瞬間、
パッと豪華で晴れやかな気分を
演出することができます。

【材料】4人分

鯛…小1尾
米（洗って乾かす）…3合
薄口醤油…大さじ1
塩、昆布、針生姜…各適量
松葉柚子

【作り方】

1 鯛に塩をして2～3時間おく。両面こんがりと焼く。
「鯛にはしっかりと塩をし、できれば2～3時間はおいてほしいものです」。

2 土鍋に米と洗った米1に対し1・15倍の水を入れ、土鍋の直径分の昆布をのせ、蓋をして強火にかける。

3 ぐつぐつ沸騰したら昆布を取り除く。①の鯛をのせ、針生姜を加えて弱火にし、薄口醤油を加え、ご飯を炊き上げる。
「尾頭付きの鯛1尾を丸ごとご飯と炊き込むことで、深いコクと旨味が生まれます。あえて鰹節の利いた一番出汁を使わず、昆布出汁で鯛の持ち味を活かします」。

4 5分程蒸らし、鯛を取り出して身をほぐし、ご飯とふっくらと混ぜ合わせる。器に盛って針生姜をのせ、松葉柚子を添える。

鯛まむし

鯛の骨はなかなか頑強で、
喉に引っ掛かったりすると厄介なものです。
そこで、あらかじめ身をほぐして、
お子様にもお年寄りにも
安心して召し上がりやすくいたしました。

【材料】4人分

鯛…200g
焼きだれ（38頁参照）…全量
焼海苔、叩き木の芽…各適量
熱ご飯…小丼4杯分
粉山椒

【作り方】

1 鯛を白焼きにし、焼きだれをかけては焼き、これを3回繰り返す。

2 熱いうちに①の鯛の身をほぐし、焼きだれを絡める。もみ海苔、叩き木の芽を加えて混ぜ合わせる。
「焼き立ての鯛の身をほぐすことで、ご飯との一体感が生まれます。鯛めしとのコントラストをつけるためにも、甘辛の味付けにしました」。

3 器に熱ご飯を盛って②をのせ、粉山椒をふる。

鯛茶漬け——胡麻

谷崎潤一郎先生が必ずと言っていいほど
ご注文なさった大好物でございます。
概して、江戸のお方は
この胡麻風味がお好きでございました。

【材料】4人分
鯛（平造りにする・105頁参照）…12切れ
胡麻…適量
薄口醤油、濃口醤油…各小さじ4
出汁、水…各300cc　塩…ふたつまみ
煎茶（濃いめのもの）…適量
熱ご飯…茶碗に軽く4杯分
焼海苔　塩昆布　山葵

【作り方】
1 胡麻はよく当たり、練りが出てきたら薄口醤油と濃口醤油を加える。
2 鍋に出汁、水を入れて火にかけ、塩を加える。沸騰したら火を止め、煎茶を茶漉しで漉し入れて香りを移す。
3 ボウルに鯛、①を入れて混ぜ合わせる。
4 器に熱ご飯を盛り、大きめの正方形に切った海苔、③、塩昆布の順にのせ、山葵を添える。②をかけて頂く。

「とにかくご飯は少なめ、お茶は熱々に。お茶が少しでもぬるいと、どうしても生臭みが出てしまいます」。

バーナード・リーチ造
ソースチューター

叶 松谷造 赤絵珍味入れ

鯛茶漬け——醤油

胡麻風味は濃厚、
反対にさっぱり・あっさりをお好みの時は
このお茶漬けが最適であります。

【材料】4人分
鯛（平造りにする・105頁参照）…12切れ
土佐醤油（172頁参照）…大さじ2
出汁、水…各300cc　塩…ふたつまみ
煎茶（濃いめのもの）…適量
熱ご飯…茶碗に軽く4杯分
鱗柚子　焼海苔　山葵

【作り方】
1 鍋に出汁、水を入れて火にかけ、塩を加える。沸騰したら火を止め、煎茶を茶漉しで漉し入れて香りを移す。
2 ボウルに鯛と土佐醤油を入れて混ぜ合わせる。
3 器に熱ご飯を盛って②をのせ、鱗柚子を添える。もみ海苔、山葵は別猪口に添える。①をかけて頂く。

「胡麻の時と同じくご飯は少なめ、絶対にお茶は熱々でなければなりません。また、少し醤油風味を利かせると食欲が進みます」。

叶 松谷造
青釉黄彩花絵蓋物、赤絵唐子汲み出し

づけ丼　しじみ赤出汁

昔から京都ではお江戸のように、大ぶりの本鮪を使うことはあまりなかったように思います。いわゆる、小しびやヨコワと呼ばれる比較的小型のものが喜ばれます。
あっさりとして筋が少なく、濃厚な旨味はありませんが、かえってそれが、京都人好みになった理由かもしれません。

[材料] 4人分
鮪(しび)…200g
漬けだれ［酒100cc　濃口醤油70cc　薄口醤油30cc］
熱ご飯…小丼4杯分　焼海苔　山葵

[作り方]
1 **漬けだれを作る。** 酒を鍋に入れ、煮切って冷ます。濃口醤油と薄口醤油を混ぜる。
「濃口醤油と薄口醤油を合わせることにより、味わいが複雑になり、奥行きが生まれます」。
2 ①に鮪を入れ、30分漬ける(写真)。
「完全に味が染み通るまで漬け込まず、必要最低限の時間で、鮪本来の味を生かします」。
3 ②をひと口大に切り、3分おく。
「3分おくことにより、断面が空気に触れ、黒ずんだ色が赤色に戻ります」。
4 器に熱ご飯を盛り、③の鮪をのせる。1cm角の海苔、山葵を添える。

木の葉丼

京都では、どこのおうどん屋さんやお蕎麦屋さんでも「木の葉丼」が必ずメニューにございます。かまぼこや椎茸、三つ葉等、ごくありふれた素材を程よく組み合わせると、色合いは地味ですが、紅葉の里山を連想させるところが名前の由来ではないかと思っております。ご家庭でもすぐにお試し頂ける、作り勝手のよい丼です。

【材料】 4人分

かまぼこ…1本
どんこ椎茸べっこう煮（左記参照）…4個
美味出汁（172頁参照）…400cc
卵…8個
三つ葉（ざく切り）…½束　熱ご飯…小丼4杯分
実山椒（42頁参照）

【作り方】

1 かまぼこは波包丁にする（写真）。「かまぼこはギザギザに包丁を入れることで、味が染みやすくなります」。

2 鍋に美味出汁を注いで火にかけ、かまぼこ、椎茸を入れる。「しっかりと出汁で煮込むと旨味が出てきます。その旨味を卵でとじ合わせます」。

3 煮立ってきたら、卵を溶きほぐして回し入れ、三つ葉を散らす。

4 器に熱ご飯を盛って③をのせ、実山椒を添える。

どんこ椎茸べっこう煮

【材料】

どんこ椎茸　煮汁［戻し汁5：酒4：みりん1：ザラメ1：たまり醤油1〜1.5の割合］

【作り方】

どんこ椎茸はひたひたの水に3時間程浸けて戻す。鍋に椎茸を入れ、戻し汁、酒、みりんをかぶるくらい加え、ことこと煮る。20分程で煮汁が4割程度蒸発する。椎茸が柔らかくなったらザラメを加え、さらに煮る。たまり醤油を加え、煮汁がなくなるまで煮詰める。

叶 松谷造
色絵サラセン風鳳凰絵筒向付

天丼

お江戸では天丼専門の名店や老舗が数多く繁盛なさっております。
揚げ物の王様〝海老の天婦羅〟と、熱ご飯に甘辛のたれ、
この黄金のトリオが奏でるハーモニーは正に群雄割拠。それぞれの暖簾が覇を競っておられます。
極端な話、私などは、東京は天丼の都とさえ思っており、
そのお味の食べ較べが上京した折の楽しみの一つでございます。
手前どもでも現本店を建て替えますまでは、お昼にこの天丼をお出ししておりました。
天婦羅を揚げるのは母の担当で、多い時には一人で五十人前をお出ししたものでございます。
新米の板場にこの武勇伝のような昔話をして、今では専ら作る方よりも食べる方に回りましたが、
これがなかなか手厳しい批評を続けております。

【材料】 4人分

車海老…8尾
丸十（薩摩芋）…1本
蓮根…1節
青唐辛子…8本
焼海苔…適量
天婦羅衣［薄力粉150g　卵黄1個
炭酸水20cc　冷水200cc］
天つゆ［水800cc　みりん100cc
濃口醤油、薄口醤油各50cc
昆布1枚（約10g）　鰹節20g］
揚げ油…適量
熱ご飯…小丼4杯分

【作り方】

1 **天つゆを作る。** 鰹節以外の材料を鍋に入れて弱火にかける。20分程かけて沸騰直前まで温度を上げ、鍋一面に鰹節を入れる。冷まして漉し、一割程度煮詰める。
「天婦羅単体の出汁よりも煮詰め、少し濃いめの味付けの方がご飯との相性がよいです」。

2 **具材の準備をする。** 車海老は頭と共に背ワタを抜いて殻をむき、腹側に切り目を入れ、背側から押さえて腰を折る。尾の先は切り揃える。丸十と蓮根は厚めの輪切りにして皮をむき、青唐辛子はヘタを取る。

3 **衣を作る。** ボウルに卵黄、炭酸水、冷水を入れて混ぜ合わせ、冷やしておいた薄力粉をふるって加える。あまりかき混ぜずに叩くように混ぜて馴染ませる。
「氷を入れてあまり冷やし過ぎると、油に入れた時、温度上昇に時間がかかり、その間に衣にグルテンが作られ、カラッと揚げることができません。かといって、元の水がぬるいようでは、これも同様の結果となるため、ま

根来合鹿椀

ずは常温が無難です。かき混ぜ過ぎないことと同じく、すべては衣に粘りを生まないために必要な心得であります」。

4

揚げる。野菜はやや濃度が薄めの衣で、火の通りにくいものから順に、165℃くらいの油に入れる。車海老は野菜を揚げ終わった衣に粉（分量外）を足し、175℃くらいの油で揚げる。尾を持って衣を付け、泳がすようにふり入れる。

「ふり入れることで余分な衣が取れ、さっぱりとした、また、カラッとした仕上がりになります。天つゆに浸けると柔らかくなってしまうため、天丼にする時は通常よりしっかりと揚げます」。

5

器に熱ご飯を盛り、揚げ立ての④を天つゆに浸け、海苔と共にのせる（写真）。

「天つゆは常温より少し温かいくらいが適温です。温か過ぎると衣がふやけてしまい、冷た過ぎると天婦羅が冷めてしまいます。油でコーティングされているため、揚げ立てをすぐに浸けないと中まで浸透しません」。

カツ丼——ソース

シュガートマトのバルサミコ漬け

一昔前までカツレツ＝カツというと、東京ではトンカツを指しましたが、関西ではビフカツでした。そのビフカツにウスターソースを絡ませ、味が濃厚な分、レタスでバランスを取ります。お口直しにトマトを添えると、後味がさっぱりといたします。

【材料】 4人分

牛肉…320g　レタス…¼個
出汁（47頁参照）…80cc　ウスターソース…200cc
塩、小麦粉、卵、パン粉、揚げ油…各適量
熱ご飯…小丼4杯分

【作り方】

1 牛肉は薄めに切って軽く塩をふる。小麦粉を付けてよくふり落とし（写真①）、しばらくおく。溶き卵を付けて（写真②）パン粉をまぶし（写真③）、175℃の油で揚げる。
「小麦粉はよくまぶしてからしばらくおき、牛肉の水分を吸収させて密着させます。また、溶き卵は黄身と白身を溶きほぐしてムラをなくすと、衣が付きやすくなります」。

2 レタスは千切りにする。
「レタスの千切りは細過ぎるとしなってしまうので注意が必要です。カツの凄みに負けないように存在感を出します」。

3 鍋に出汁、ウスターソースを入れて温める。
「生成りのままではあまりに味が強烈です。出汁を加えて角を取り、味をまろやかにします」。

4 器に熱ご飯を盛り、①を③に絡めてレタスと共にのせる。

①

②

③

叶 松谷造
色絵亀甲つなぎ向付、色絵小付

叶 松谷造 武蔵野絵蓋物
唐津割山椒

カツ丼——玉とじ 日野菜の漬物

天丼と同様、東京でのトンカツ屋さんの隆盛もこれまた百花繚乱。
トンカツ、ご飯、香の物、豚汁、この一話完結した定食は、
偉大なる永遠のベストセラーであります。
丼に仕立てるには、やはり玉とじが王道でございましょう。
カツのサクサク感と卵のとろーり感、
このコントラストを大切にしなければいけません。

【材料】 4人分

豚肉(トンカツ用)…4枚
美味出汁(172頁参照)…320cc
卵…8個　三つ葉(ざく切り)…適量
塩、小麦粉、卵、パン粉、揚げ油…各適量
熱ご飯…小丼4杯分　花山椒(42頁参照)

【作り方】

1 豚肉に軽く塩をふり、小麦粉、溶き卵、パン粉の順に衣を付け、160～175℃の油で揚げる。
「豚肉は完全に火を通さなければなりません。160～175℃で揚げ始め、火が通ったら温度を上げ、きつね色にこんがりと揚げます」。

2 美味出汁を鍋に入れ温め、食べやすく切った①を入れる。卵を溶いて回し入れて強火にし、三つ葉を散らす。
「あまり炊き過ぎると、衣がはがれてしまい、見た目も悪くサクサク感もなくなりますので、手早く仕上げることが第一です」。

3 器に熱ご飯を盛って②をのせ、花山椒を散らす。

魯山人造
染付大吉祥鉢、吉猪口

牛丼——魯山人風　新生姜・実山椒の甘酢漬け

魯山人先生はまったく甘味がお嫌いな方でした。砂糖は持ち味を殺すとの持論がおありで、頑なにそれを通されました。手前どもでも、メニューにはないすき焼きをよくご所望になりました。もちろん、ご自分で味付けをなさいましたが、清酒と薄口醤油、少々のお出汁というごくシンプルなものでした。味わってみると、これが実に美味しいもので、飽きのこない、誠にシンプルなお肉の味に驚嘆したものでございます。魯山人先生の大吉祥のお鉢にそれを再現いたしました。

【材料】4人分

牛肉（しゃぶしゃぶ用）…320g

「砂糖を一切使わないため、牛肉は少し脂身があって薄く切った方が旨味を引き出せます。ご飯との一体感を出すためにも、すき焼きよりは、より薄いしゃぶしゃぶ用のスライスが適当です。硬い肉でも砂糖を使うと少し柔らかくすることができますが、この丼は肉本来の味が前面に出ますので、少し奮発して上質のものを選ぶとよいでしょう」。

白葱（1cmの斜め切り）…20cm　出汁（47頁参照）…400cc

薄口醤油…大さじ4　酒…60cc

熱ご飯…小丼4杯分　花山椒（42頁参照）

【作り方】

1　フライパンに出汁、薄口醤油大さじ2、酒を入れて火にかけ、牛肉を重ならないように入れ、白葱も入れる。

2　煮立ってきたら薄口醤油大さじ2を加える。

3　牛肉に火が通ったら、器に盛った熱ご飯の上に牛肉と白葱をのせ、残りの煮汁は中火にかけ、約2～3分とろみが出るまで煮詰める。「牛肉は炊き過ぎるとカスカスになってしまうので、火を通す時間は最低限でなければなりません。素早く肉と煮汁を分け、煮汁だけを煮詰めて味にアクセントを付けます」。

4　③に煮汁を回しかけ、花山椒を添える。

牛丼――甘辛すき焼き風　小蕪と水菜の漬物

京のすき焼きは「炊く」というより正しくは「焼く」という料理法をとります。
鉄鍋に砂糖をたっぷりとふり入れ、
カラメル状になったところでお肉を入れ、醤油で味付けします。
これを溶き卵を付けて召し上がって頂きます。
このすき焼きというお料理は、明治の文明開化を今に伝える国民食です。
昔は我が家でも、御馳走というとすき焼きが第一候補で、
亡くなりました父が必ず味付けをするのが、決まり事でございました。

【材料】 4人分

牛肉（薄切り）…200g
「右頁の魯山人風に比べて甘味を少し加えるため、赤身でも十分美味しく頂けます。赤身が多い方があっさりいたします」。
玉葱（薄切り）…1個
しらたき…80g
美味出汁（172頁参照）…400cc
丼つゆ（18頁参照）…450cc
三つ葉（2.5cm長さに切る）…1束
卵黄…4個
熱ご飯…小丼4杯分

【作り方】

1 鍋に美味出汁、丼つゆ400ccを入れて火にかけ、しらたきを入れ、煮立ってきたら玉葱を入れる。
2 玉葱が透き通ってきたら牛肉を入れ、丼つゆ50ccを足し、三つ葉を入れる。
3 牛肉に火が通ったら、牛肉と三つ葉を取り出し、しらたきと玉葱にしっかりと火を通す。
「牛肉の旨味が出た煮汁で、しらたきと玉葱にしっかりと火を通します」。
4 器に熱ご飯を盛り、③の具をのせ、残った煮汁を少し煮詰めて回しかける。別器で卵黄を添える。
「牛肉は盛り付ける直前に再度煮汁の中に戻し、温めます。卵黄を絡めると、また別の濃厚なお味が楽しめます」。

叶 松谷造
染付龍文蓋向付、
緑交趾小付（左）、
染付扇面小付（右）

山かけ丼　赤出汁

あっさりした、しびや鮪の切り身を熱ご飯にのせ、
海苔を添えると、鉄火丼となります。
それにとろろ芋をのせると食感のコントラストが生まれ、
また、色合いも紅白となり、大変上品な仕上がりとなります。
味付けはお好みで生姜醤油でも山葵醤油でも結構です。
赤出汁を添えると、より一層味が補完され、
満足感を増すことができます。

【材料】 ４人分

鮪…20切れ
山芋…１００ｇ　焼海苔…８切れ
熱ご飯…小丼４杯分
おろし生姜、土佐醤油（１７２頁参照）…各適量

【作り方】

1 山芋はすりおろし、焼海苔は適当な大きさに切る。

2 ボウルに鮪を入れ、土佐醤油を注いで全体に絡むように軽く混ぜる。
「あらかじめ鮪に下味を付ける感じで土佐醤油をまぶし、ご飯との一体感を出します」。

3 器に熱ご飯を盛って鮪を並べ、①の海苔をのせ、とろろを鞍掛けにする。おろし生姜を天盛りし、土佐醤油をかける。
「ご飯の白、鮪の赤、海苔の黒、とろろの白を配色よく盛り付けると、より食欲をそそります」。

月見丼　鰊の甘辛煮

日本人ほどお月様に対して色々な感情を抱き、
また、その呼び名においても数々の名称を用いる国は他にありません。
十三夜、十五夜、十六夜、望月等々その満ち欠けの状態により、
様々な情緒がこもった名付け方でございます。
中でも、仲秋の名月は盛夏を過ぎた秋の夜長に
心に染み渡る月の美しさを実感する時でございます。
とろろ芋に卵黄という単純明快さが身上です。

【材料】 ４人分

つくね芋…１２０ｇ
一番出汁（47頁参照）…40cc　薄口醤油…少々
卵黄…４個
熱ご飯…小丼４杯分

【作り方】

1 つくね芋を細かい目のおろし金でおろし、当たり鉢に入れて一番出汁を加え、色が付かない程度に薄口醤油で下味を付ける。

2 器に熱ご飯を真ん中にくぼみを作るように盛る。ご飯に沿うように、つくね芋を全体に流しかけ、中央のくぼみに卵黄をのせる。
「１００％白米のご飯でなくても、玄米や麦ご飯でも美味しく仕上がります。味付けは薄口醤油のみとし、今回は鰊の甘辛煮を添えて旨味を補うことといたしました」。

叶 松谷造 色絵瓔珞文蓋碗
溜塗り瓢簞黒小吸物椀

叶 松谷造 菊絵蓋物
仁阿弥道八造 菊小皿

叶 松谷造
仁清色絵花唐草蓋物、紅彩花絵汲み出し

衣笠丼

薄白味噌のおつゆ

京都市中、乾の方角、金閣寺の裏に〝衣笠山〟という小さな可愛らしい山がございます。〝お揚げさん〟を三角に切り、そのお揚げを山に見立てての名称です。甘辛く炊いたお揚げをそのまま丼にすると「きつね丼」となりますが、お揚げの形を変えるだけでこういった名称を思い付くところが京都人独特の感性と言えるでしょう。

【材料】 4人分

油揚げ…1枚
美味出汁（172頁参照）…600cc　丼つゆ（18頁参照）…20cc
砂糖…小さじ1　出汁（47頁参照）…40cc　薄口醤油…小さじ⅔
出汁溶き葛…適量　卵…4個　三つ葉（ざく切り）…1束
熱ご飯…小丼4杯分　ふり柚子

【作り方】

1 油揚げは両面炙る程度に焼き、三角形に切る。
2 鍋に美味出汁、丼つゆ、砂糖を入れて火にかけ、油揚げを入れる。
「お揚げはあまり強火で炊かず、ことことと煮含ませるようにじっくりと炊きます。砂糖を加えるとパサつきを感じさせず、美味しく仕上げることができます」。
3 煮立ってきたら、油揚げを取り出し、煮汁に出汁、薄口醤油を加えて味を調え、出汁溶き葛でとろみをつける。
「お揚げと煮汁の味付けに変化を付けることで、甘味のアクセントが生まれ、飽きのこない味となります」。
4 卵を溶いて③に回し入れ、三つ葉を散らす。
5 器に熱ご飯を盛り、③の油揚げをのせて④をかけ、ふり柚子で香りを添える。

道八造 赤絵魚紋蓋向付
叶 松谷造 色絵銀彩小蓋物

百合根・焼穴子丼

茄子のぬか漬け、生姜

百合根は文字通り〝百合の球根〟でございます。今ではごく一般的な食材となりましたが、これもまた脇役として、京料理を陰で支えてきた重要な素材の一つで、火の通し加減によってびっくりするような甘味が生まれます。この繊細で淡白な食材と組み合わせるものは深い味わいを持つ焼穴子が最適です。お出汁をしっかり利かせ、京風に仕上げます。

【材料】 4人分

百合根…80g（2/3個） 焼穴子…1本
出汁（47頁参照）…400cc
酒、みりん…各40cc 薄口醤油…20cc
卵…4個 芹（ざく切り）…1束
熱ご飯…小丼4杯分 粉山椒

【作り方】

1 百合根は下茹でする。焼穴子は3cm幅に切り、骨を切るように縦に切り目を入れる。

2 鍋に出汁を入れて火にかけ、焼穴子、酒を入れ、出汁煮込みをする。焼穴子が柔らかくなったら、みりん、薄口醤油を加え、煮立ってきたら百合根を入れる。

3 再度煮立ってきたら、卵を溶いて回し入れ、芹を散らす。
「卵は片口などで少し高い所から細く注ぎ入れ、軽く沸騰を維持しながらかき回さずに、半熟状態で仕上げます」。

4 器に熱ご飯を盛って③をのせ、粉山椒をふる。

しらす丼

薄葛仕立ての卵スープ

〝おじゃこ〟というと、京都ではよく乾燥させたちりめんじゃこを使いますが、今回は柔らかい釜揚げしらすを用い、磯の香りを楽しみます。海苔と梅干しで色合いも味もメリハリをつけます。大根おろしがより一層食欲をそそります。お汁はあっさりとした、卵の薄葛スープといたします。

【材料】 4人分

しらす…120g　大根おろし…200g
出汁（47頁参照）…80cc
ポン酢、薄口醤油…各小さじ4
熱ご飯…小丼4杯分
焼海苔…適量　梅干し…4個

【作り方】

1 ボウルにしらす、大根を入れて混ぜ合わせる。
「しらす等のばらばらになりやすいものは、大根おろし等で混ぜ合わせ、まとまりを作った方が召し上がりやすいです」。

2 ①に出汁、ポン酢、薄口醤油を入れ、しらすと大根に味が馴染むように混ぜる。

3 器に熱ご飯を盛り、②をのせ、あられに切った海苔を散らして梅干しを天盛りする。
「海苔や柚子等は、お料理によって、四角く切ったり、細く切ったりすると、まったく雰囲気を変えることができます。その時々に合った形をお楽しみください」。

古伊万里通し蓋物
叶 松谷造 色絵唐子汲み出し

他人丼

法蓮草とえのきのポン酢仕立てのお浸し

鶏と卵となると、これはもちろん親子関係、牛と卵となれば〝他人丼〟と呼ぶところが、なかなか気の利いた命名です。牛の個性が濃厚な分、少し甘辛の味付けにし、それを卵でまろやかにして、ご飯との仲を取り持つと、非常に食べ応えのある一品となります。小鉢は後味が残らないよう、酸を利かせた野菜だけできりっと仕上げます。

【材料】 4人分

牛肉（薄切り）…4枚
白葱（斜め切り）…½本
丼つゆ（18頁参照）…320cc
美味出汁（172頁参照）…120cc
出汁（47頁参照）、砂糖…各少々
卵…4個　三つ葉（ざく切り）…適量
熱ご飯…小丼4杯分　花山椒（42頁参照）

【作り方】

1 牛肉をひと口大に切る。
2 鍋に丼つゆ、美味出汁を入れて火にかけ、煮立ってきたら牛肉を1枚ずつ重ならないように入れる。
「お肉は炊き過ぎると硬くなりやすいので、くれぐれもその点に留意してください」。
3 牛肉の上に白葱をかぶせるようにのせ、出汁を加え、強火を保つ。
4 汁が七割程度に減ったら砂糖を加える。焦げやすいので火を止めて味を馴染ませる。
5 再び火をつけ、煮立ったら卵を溶いて回し入れ、三つ葉を散らす。
6 器に熱ご飯を盛って⑤をのせ、花山椒を添える。

叶 松谷造 仁清写宝尽し蓋物
黄瀬戸琵琶向付

台所寿司

若竹の吸い物

どこのお家でも手軽に入手できる沢庵やおじゃこ、椎茸、高野豆腐などを使い、常日頃気取らずお出しするのが、この京の台所寿司でございます。祇園の有名な京寿司屋さんである「いづう」さんがこの呼び名でばら寿司をお出しになっておられます。木瓜型の叶先生の色絵の食籠《じきろう》に、可愛らしく盛り付けました。

【材料】 4人分

米（洗って乾かす）…3合
寿司酢［米酢90cc　砂糖45g　塩15g］
昆布…1枚
どんこ椎茸べっこう煮（109頁参照）…5枚
沢庵…50g　高野豆腐…30g
ちりめんじゃこ…100g
錦糸卵（27頁参照）…卵2個分
木の芽

【作り方】

1 **寿司酢を作る。** 鍋に材料を入れて火にかけ、軽くかき混ぜながら、砂糖、塩を溶かす。
「沸騰させてしまうとせっかくの酢がとんでしまいます。あくまでも塩と砂糖を溶かすことが目的です」。

2 **寿司飯を作る。** ご飯は米と同量の水に昆布を加えて炊く。炊き上がったらあまり蒸らさずに、飯切りにひとかたまりになるように移す。①の寿司酢を徐々に加え、ご飯を切るように、1分程そのままにして馴染ませる。ご飯を切るように、飯切りいっぱいに広げるように軽く混ぜる。表面を扇いで粗熱を取り、ご飯を返し、これを2、3回繰り返す。
「うちわで扇いで蒸気をとばすと、熱気がこもらず、ご飯から粘りが出ません。また、切るように混ぜるのも、ご飯とご飯が擦り合うことによって生まれる粘りを防ぐことが目的です。通常より少ない水加減で少し硬めに炊く方が寿司飯には適当です」。

3 椎茸、沢庵、高野豆腐をみじん切りにし、じゃこと共に寿司飯にまんべんなく混ぜ、器に盛り付ける。

4 ③の真ん中をくぼませ、錦糸卵を盛り、木の芽を添える。

叶 松谷造
色絵花紋輪花木瓜食籠、
色絵唐草紋小吸物碗

叶 松谷造 金蘭赤丸四方蓋物
色絵木瓜型小付

蒸し寿司

奈良漬け

京の寒さは底冷えといわれております。
北国と違い、京町屋は暖房が完備していないため、
その足元から来る寒さはたとえようがございません。
お寿司のお酢は、身体を冷やすという作用があるようで、
そこで冬にはお寿司を蒸すことにより、身体を冷やすことなく、
温暖効果と美味しさの一挙両得を得ることが可能となりました。
長年に亘る京都人の生活の知恵の成果でございます。

【材料】4人分
寿司飯(右頁参照)…米3合分
車海老…4尾　焼穴子…2本
どんこ椎茸べっこう煮(109頁参照)…5枚
生姜…50g　焼海苔…4枚
錦糸卵(27頁参照)…卵2個分　青柚子

【作り方】
1　車海老は頭と背ワタを取って串を打ち、塩水で湯がき氷水に落とす。皮をむいて腹開きにする(130頁参照)。
「これを熨斗串といい、海老はそのまま湯がくと曲がってしまうので、真っ直ぐに仕上げたい時にこの方法を取ります」。
2　焼穴子、どんこ椎茸べっこう煮、生姜をみじん切りにし、寿司飯にまんべんなく混ぜ、焼海苔をちぎって加える。
3　器に②を盛り、10分～12、13分芯まで温める程度に蒸し(写真)、錦糸卵をのせてさらに30秒蒸す。
4　③に車海老をのせ、柚子を添える。
「卵は最初から蒸すと黄色が黒変してしまうので、温める程度に仕上げに加えます」。

加薬ご飯

出汁巻・三つ葉の赤出汁

炊き込みご飯などの具材は、ぶつ切りというよりは、比較的細かく大きさを揃えるのが基本です。

ご飯とのバランスを考え、召し上がるリズムに違和感を伴ってはいけません。

牛蒡や鶏が主張し過ぎると、加薬ご飯の枠からはみ出してしまいます。

一品の個性を際立たせるのではなく、各々から引き出した味を渾然一体にすることが、このご飯の醍醐味です。

【材料】 4人分

鶏ミンチ(鶏ひき肉)…250g　塩…少々
牛蒡…1/4本　人参…1/3本
蒟蒻…1/3枚　椎茸…2枚
油揚げ…1/2枚
米(洗って乾かす)…3合
出汁(47頁参照)・米の1.15倍量
酒、みりん、濃口醤油…各小さじ4　塩小さじ1/5

【作り方】

1 鶏ミンチに軽く塩をする。

2 牛蒡、人参、蒟蒻、椎茸は、3㎜の角切りにする。油揚げは半分に薄くへぎ、1.5㎝幅の帯状にして、3㎜幅くらいに細く刻み、熱湯をかけて油抜きをする。

3 土鍋に米と出汁、酒、みりん、濃口醤油、塩を入れて混ぜ、①、②をのせる。
「丼や色ご飯はつゆ、漬物などの小鉢のものを合わせますので、味付けは七〜八割にとどめておき、あとの二〜三割は添えるお料理の味付けで補完すると、押さえつけた味にならず、〝京風〟となります」。

4 蓋をして強火にかけ、ぐらぐらと3〜4分炊き、少し火をゆるめ、沸騰を少しおさめる。鍋の底にかすかにパリパリと音がしたら、火を止める。余熱を逃がさないように、布巾やタオルでくるみ、蒸気穴を濡れ布巾でふさいで10分おく。蓋を開け、杓文字で丁寧に底から空気を入れるようにふんわりとかき混ぜる。
「調味料を入れている分、早く焦げ付きます。水気がなくなってからは、火加減を弱火にするなど細やかな調節が不可欠です」。

5 2〜3分おき、お米の粒を壊さないように、具材とご飯をよく混ぜ合わせて器によそう。

叶 松谷造
色絵豆彩碗、染付魚文汲み出し
永楽妙全造 紫交趾柿ノ葉皿

鰻玉じめ丼

管牛蒡の甘酢漬け・新生姜のおすまし

鰻の蒲焼きはもちろん御馳走に変わりはありませんが、宵越しになって冷蔵庫に入れると、どうしても硬くなってしまいます。その時、ご家庭で焼き直すのはなかなか容易なことではございません。そこで、お鍋で温めて玉とじにすると、まず失敗ということはありません。

叶 松谷造
赤絵金蘭麦藁蓋向付、色絵唐子筒碗
三つ葉の手塩

[材料] 4人分

鰻(蒲焼き)…1尾
卵…4個　三つ葉(ざく切り)…1束
出汁(47頁参照)…400cc
濃口醤油、みりん…各少量
熱ご飯…小丼4杯分　実山椒(42頁参照)

[作り方]

1 鰻は3cm角の色紙切りにする。
「物を切るということの目的は、一にも二にもその物の食べやすさを追求することです。例えば、硬いものは比較的小さく、または薄く、柔らかいものは比較的大きく、または厚く、というように、素材により適当な大きさを推測して包丁するということにつきます」。

2 鍋に出汁、鰻を入れ、中火～強火にかける。煮立ってきたら、濃口醤油、みりんを入れる。
「蒲焼きの鰻にはあらかじめ味が付いているので、お出汁で煮込むことで、旨味が抽出されます。そこで、醤油を少々加えることにより味を引き締めて奥行きを出し、味を閉じ込めるために玉じめにします」。

3 卵を溶きほぐし、鰻の間を縫うように回し入れ、三つ葉を散らす。

4 器に熱ご飯を盛って③をのせ、実山椒を散らす。
「鰻を代表とする川魚類には、山椒が一番の相性です」。

赤飯蒸し　柚子なます

古来、お祝い事の席では、お赤飯が絶対不可欠です。
ハレの代表的なお魚である鯛と
「まめで健康に暮らす」という縁起をかついで、黒豆をあしらいました。
器も赤絵金蘭で彩りを加えます。
小鉢は敢えて人参を使わず、さっぱりと大根と柚子のおなますに、
その分、器の朱色で紅白の紅色を補い、上品に寿ぎを表現いたします。

【材料】４人分

赤飯…３５０ｇ
鯛（塩焼きをほぐす）…小ぶりのものを半身
百合根（蒸したもの）…中½個
酒…大さじ２　薄口醤油…小さじ１　塩…少々
黒豆（煮豆）　塩昆布　鱗柚子

【作り方】

1　赤飯に酒、薄口醤油、塩を混ぜて下味を付け、10分程おく。
2　器に赤飯、鯛、百合根を盛り、12分蒸す。
3　②に黒豆、塩昆布、鱗柚子を添える。

叶 松谷造
金蘭赤丸蓋向付、赤絵金蘭獅子丸手付小鉢

海老フライ丼
茗荷の柴漬け

海老の天婦羅は揚げ物の王様ですが、
ご家庭で衣の薄いカリッとした天婦羅を仕上げることは、難度の高いものの一つです。
そこで、上質の海老を敢えてフライにしても、海老本来の美味しさを手軽に味わうことができます。
棒揚げにするのではなく、開くことにより、ボリュームも加わり、
また、硬くならず格段にお召し上がりやすくなります。
自家製のタルタルソースをお作りになり、また、キャベツも少し炒めるとご飯によく馴染みます。
私の大好きな丼の一つでございます。

【材料】4人分
車海老（30gのもの・下処理する・130頁参照）…12尾
小麦粉、卵、パン粉、揚げ油…各適量
キャベツ（千切り）…¼個
バター、塩、胡椒…各少々
カレー粉（少量の酒または白ワインで溶く）…適量
熱ご飯…小丼4杯分　タルタルソース（下記参照）

【作り方】
1 熱したフライパンにごく少量のバターを入れてキャベツを炒める。しなっとしたら、塩、胡椒少々で下味を付けてさらに炒め、カレー粉を加える。
「直接粉末を加えると、キャベツと馴染まずムラになってしまいます」。
2 車海老に小麦粉をまぶしてしっかりとはたき、よく溶いた卵、パン粉の順に衣を付ける。
3 175℃の油で色よく揚げる。
4 器に熱ご飯を盛り、①のキャベツと③の海老フライをのせる。別猪口にタルタルソースを添える。
「ご飯にほんの少しの塩、黒胡椒をふりかけ、胡椒飯を作っておくと、海老フライとの相性がより豊かになります。タルタルソースは海老フライの上からかけない方がカラッとした状態で召し上がることができます」。

タルタルソース

【材料と作り方】
1 茹で卵1個、スイートガーキンピクルス2～3本、ケッパー5～6粒、玉葱½個はそれぞれみじん切りに、青じそ適量は千切りにし、ボウルに入れる。
2 ①にマヨネーズ100g、ケチャップ大さじ1、タバスコ、塩、胡椒各少々、レモン汁½個分、ウスターソース小さじ½、薄口醤油小さじ¼を加え、混ぜ合わせる。

叶 松谷造 緑彩金蘭繋紋平蓋物
ギヤマン 角四方小付（大・小）

海老の下処理

128頁のように、開いた状態で海老フライをするには、Ⅱの方法の方がより形よく、真っ直ぐに、綺麗に仕上げることができます。

［方法Ⅰ］

1 頭を取る（写真①）。
2 頭の方からゆっくりと背ワタを抜く（写真②③）。
「頭を取ると共に背ワタを抜くイメージです」。
3 尾の先を切り揃え（写真④）、包丁の刃先で尾の中の汚れを取り除く。
「海老の尾は袋状になっているので、熱を加えると破裂する恐れがあり、油が飛び散って火傷をするので、先端をカットしておきます」。
4 殻をむく（写真⑤）。
5 尾を持ちながら、腹開きにする（写真⑥）。
6 外側を上にし、尾の方から細かく切り目を入れる（写真⑦）。

［方法Ⅱ］

1 頭と背ワタを取り、頭の方から尾にかけて腹身と殻の間、または背ワタの部分に真っ直ぐ熨斗串を打つ（写真①）。
2 沸騰した湯で手早く湯がき（写真②）、海老の色が変わったら氷水に落とす（写真③）。
「海老の形態を固定させることが目的であるため、完全に火を通す必要はありません」。
3 串を外し、殻をむいて腹開きにする（写真④）。
4 平らにならし、細かく切り目を入れる（写真⑤）。

①

②

③

④

⑤

⑥

⑦

①

②

③

④

⑤

栄之助造 赤絵福禄寿蓋向付
叶 松谷造 紅白梅つなぎ小吸物碗

紅白ご飯

白味噌汁

お祝いを表すご飯としては、
お赤飯が代表選手であることには間違いがございません。
そこで今回は、塩鮭の紅、大根の白を組み合わせ、
別趣の祝飯として、紅白ご飯を考えました。
紅鮭の生臭みを大根が程よく吸収し、
思わぬ相乗効果を得ることができました。
アクセントにしその葉を加えましたが、
冬場は柚子の皮を使うとより香りが引き立ちます。
器もおめでたい赤絵福禄寿でございます。

【材料】 4人分

紅鮭…2切れ
大根(さいの目切り)…½本
米(洗って乾かす)…2合　昆布出汁…220cc
青じそ(千切り)…8枚

【作り方】

1 土鍋に米、大根を加えて昆布出汁を注ぎ入れ、沸騰するまでは強火、沸騰した後は弱火で、「大根飯」を炊く。
2 紅鮭をしっかり焦げ目が付くまで焼き、身をほぐす。
3 ①と②を飯切りで粘り気が出ないように切るように混ぜ合わせる。器に盛り、青じそを散らす。

叶 松谷造
赤絵金襴大蓋物、色絵柘榴図八角小鉢

蟹玉丼

若布と白瓜のかぼす酢和え

蟹玉と申しますと、まず真っ先に思い浮かびますのが、中華料理の「芙蓉蟹」でしょうか。

芙蓉蟹の味付けには大きく分けて、甘酢を用いるものと、
お醬油風味の広東風のものとの二種類がございます。

今回は甘酸っぱさに角を立てず、京風に、まろやかに仕上げるために、土佐酢を使いました。

蟹はズワイガニでもタラバガニでも、もしくはカニ缶でも結構です。

臭みを消すためにもたっぷりと生姜を使い、卵はふんわりと仕上げるのがコツとなります。

【材料】4人分

蟹（むき身）…200g　卵…8個
三つ葉（葉を摘む）…1束
塩、みりん、サラダ油…各適量
土佐酢（172頁参照）…400cc
出汁（47頁参照）…大さじ4
薄口醬油、砂糖、しぼり生姜、
　出汁溶き葛…各適量
熱ご飯…小丼4杯分
おろし生姜　叩き木の芽

【作り方】

1 卵を溶きほぐし、蟹、塩、みりん各少々、三つ葉を入れて混ぜ合わせる。

2 フライパンを強火で熱し、サラダ油を多めにひき、①を勢いよく流し入れ、手早く混ぜる。「卵を焼く時は少し油を多めにひき、強火でよく卵をかき混ぜ、瞬間的に火を通すことで、硬くならず、ふわっと仕上がります」。

3 鍋に土佐酢、出汁を入れ、薄口醬油、砂糖、しぼり生姜各少々を加えて煮立て、出汁溶き葛でとろみを付ける。「酢の角を取るために出汁を加えます」。

4 器に熱ご飯を盛り、②をのせて③をかける。おろし生姜を天盛りにし、叩き木の芽を散らす。

ぐじ飯蒸し

酢蓮根と塩昆布の梅肉和え

〃ぐじ〃とは若狭湾で水揚げされるアマダイを浜塩し、一昼夜かけて京都まで運び、全体に塩が程よく回った状態のものを指します。

京都人にとっては、第一の御馳走で、焼く、蒸す、揚げる等々、火を加えることにより、格段に旨味が増す特徴があります。

白蒸しの持つもちもち感と誠に相性がよく、いかにも京風をイメージさせる繊細な塩加減に仕上げます。

【材料】 4人分

ぐじ…200g
白蒸し(92頁参照)…320g
出汁(47頁参照)…280cc
酒、薄口醤油、塩、出汁溶き葛…各適量
山葵

【作り方】

1 ぐじは5cm幅に切り、霜降りをする。
「いかに新鮮であっても、魚介類は生臭いものです。必ず霜降りをし、第一層の生臭みやアクを取り除くのが京都の料理法の基本です」。

2 白蒸しに酒大さじ2、薄口醤油小さじ1、塩少々をよく手で馴染ませるように混ぜ込んで下味を付け、しばらくおく。

3 ②の白蒸しを器に盛って①のぐじをのせ、15分程蒸す。

4 鍋に出汁、酒40cc、薄口醤油、塩各少々を加えて煮立て、出汁溶き葛でとろみを付ける。

5 蒸し上がった③に④をかけ、山葵を添える。

叶 松谷造
笹絵六角蓋向付、色絵仙人絵六角小鉢

松前天丼　しじみの味噌汁

甘辛味の天つゆをあえて使わず、
古来北海道の松前藩名産である昆布の塩味でさっぱりと味付けをいたします。
揚げ立てのからりとした食感を損なわず、
天婦羅本来の醍醐味を堪能できる大人の天丼です。
仕上げに酸橘を加えますと清新さが加わり、味にも変化が生まれます。

【材料】 4人分

貝柱…4個
海老…4尾
三つ葉（ざく切り）…1束
酸橘…2個
塩、小麦粉、
天婦羅衣（110頁参照）、揚げ油…各適量
塩昆布…適量
熱ご飯…小丼4杯分

①

②

【作り方】

1 貝柱はペーパータオル等で水気をしっかり取り、さいの目に切る。海老は下処理をしてからぶつ切りにし、軽く塩をする。酸橘はV字に切り目を入れる（写真①）。
「酸橘は切り目を入れると、綺麗に搾ることができます」。

2 ①の貝柱と海老、三つ葉を混ぜ合わせて小麦粉をふりかけ、むらなくまぶす。
「具材が均等になるようによく混ぜてください。小麦粉は、うっすら付くくらいの量が目安です」。

3 ②に天婦羅衣を大さじ1程加え、全体に薄く行きわたるようによく混ぜる。
「衣を入れ過ぎると仕上がりが重くなるので、合わせる衣は最小限にします」。

4 小皿に薄く粉を打ち、③を隙間をもたせながら薄く広げ、165℃の油に滑り込ませるように入れる。
「十分に隙間をあけないと具の間に油の通り道がなくなり、水分が抜けずにこもり、仕上がりがべたつきます。また、お皿が油につく感じで入れることが大事です。高い所から落とすと油がはね返り危険です」。

5 一度裏返し、衣がカリッとするまで、じっくりと揚げる。

6 熱ご飯に塩昆布を混ぜる（写真②）。

7 器に⑥を盛って⑤をのせ、小皿に①の酸橘を添える。

高台寺蒔絵椀
縁交趾小判手塩
宮永東山造 麦藁小吸物

黄瀬戸蓋物
古染付角猪口

穴子丼

沢庵と三つ葉と土生姜のかくや

身も厚く、旨味も濃厚な明石の穴子を、とろとろに柔らかく煮上げます。京・大阪の上方寿司では、穴子は主役級の大事な役割を担うものです。元来、小骨が多いものですが、鱧のように骨切りはしませんので、骨が溶けるまでしっかりと煮込む必要があります。薫り高く、たまり醤油を利かせるとよいでしょう。

【材料】 4人分

穴子…2尾
出汁（47頁参照）…50cc
酒、水…各100cc　砂糖…大さじ1
たまり醤油…大さじ2　出汁溶き葛…適量
熱ご飯…小丼4杯分　焼海苔…4枚
木の芽　実山椒（42頁参照）

【作り方】

1 鍋に出汁、酒、水を入れ、煮立ってきたら、半分に切った穴子を入れ、15分程煮込む。
「調味料を入れる前に煮込まないと柔らかくなりません。召し上がる時に、骨が口に残ることは絶対に避けねばなりません」。

2 ①に砂糖を入れて2〜3分煮込み、たまり醤油を加える。煮汁が½〜⅓程度になるまで煮詰める。

3 穴子を取り出して煮汁を再び火にかけ、出汁溶き葛でとろみを付ける。

4 器に熱ご飯を盛って穴子をのせ、帯海苔をのせる。上から③の煮汁をかけ、木の芽と実山椒を添える。

叶 松谷造
赤絵輪花唐子鉢、赤絵蘭絵小吸物碗

雲丹丼　赤出汁

海の栄養がぎっしり濃縮された雲丹は、宝石のように大事に扱わなければなりません。鮮度が第一、良質で新鮮なものを、なるべく小細工をせず、ストレートな出し方を心掛けます。炊き立ての美味しいご飯を組み合わせるだけで、至上のコンビが生まれます。

【材料】 4人分

雲丹…50g
出汁（47頁参照）、
土佐醤油（172頁参照）…各適量
熱ご飯…小丼4杯分　山葵

【作り方】

1 ボウルに出汁と土佐醤油を1：1の割合で入れ、混ぜ合わせる。
「醤油の辛さが利き過ぎては、雲丹の味が死んでしまいます。出汁を加え、味をまろやかにします」。

2 器に熱ご飯を盛って雲丹をのせ、山葵を添える。上から①を回しかける。

叶 松谷造
紫交趾扇面散らし蓋物
光琳金蒔絵椀

親子蒸し

白味噌の雑煮

親子というと、鶏と卵を連想いたしますが、
ここでは魚の代表的な親子食材、
鮭といくらにもち米を組み合わせ、
華やかでいて、その紅白の鮮烈な色合いから
お祝いの気分を演出いたしました。
青柚子と山葵を添え、色彩と香りを際立たせます。
叶先生のおめでたい紫交趾扇面散らしと
金銀彩の光琳蒔絵のお椀で花を添えます。

【材料】4人分

紅鮭（焼いてほぐす）…80g
いくら（塩漬け）…80g
白蒸し（92頁参照）…320g
酒…適量
青柚子　山葵

【作り方】

1 ボウルに白蒸しと紅鮭を入れ、酒をふって混ぜる。彩りよく器に盛り、7～8分蒸す。
「酒を加えて蒸すことで生臭みが消え、ご飯と鮭の塩味が一体となります」。

2 ①にいくらをのせ、柚子を散らし、山葵を添える。
「蒸し立てに常温のいくらをのせ、余熱で少し温まる程度にします。いくらに火が通り過ぎてしまうと、透明感がなくなり、白濁してしまいます。鮭やいくらの赤に、柚子と山葵の緑が映えます」。

第四章

御贔屓井

マーロン・ブランド
ジョセフィン・ベーカー
棟方志功
梅原龍三郎
力道山
北大路魯山人
マルグレーテ女王
吉川幸次郎、桑原武夫、貝塚茂樹、
湯川秀樹　京都学派の方々
菊池寛
イヴ・モンタン

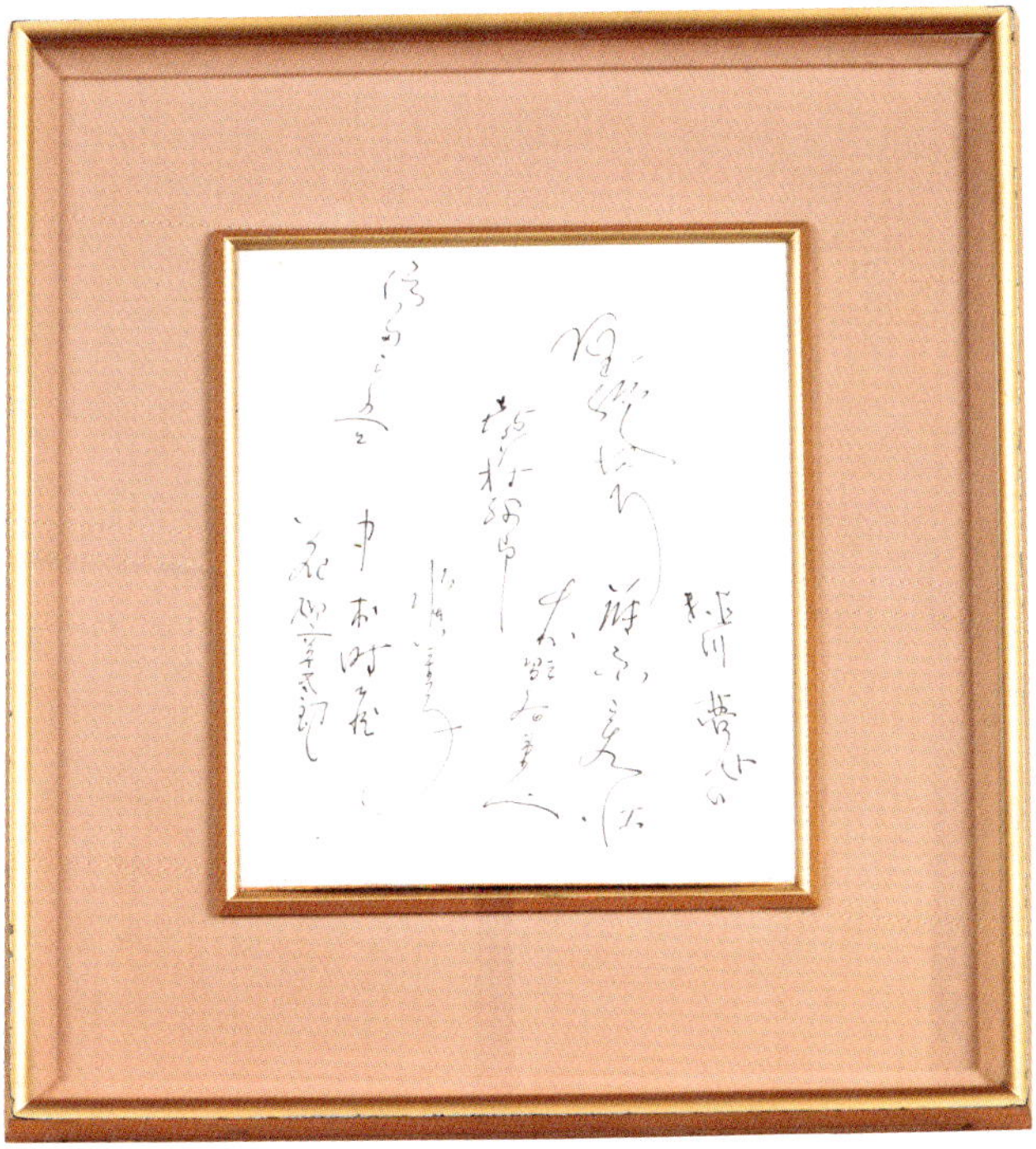

昭和20年代或る日の演劇人寄せ書き　喜多村緑郎・中村時蔵・花柳章太郎・藤原義江・徳川夢声・辰巳柳太郎・島田正吾・水谷八重子ほかの各氏

御贔屓四方山話

昨今では和洋問わず料理屋・レストラン共に、いわゆるおまかせコースをメニューの主体とする、作り手があらかじめ創作・準備したものを決められた順番でお客様にお出しするという店がほとんどとなってしまいました。

手前どもも近頃では初めてのお客様になるべくご利用して頂き易くするために、一応おまかせコースを設定いたしております。しかしながら、常連様のほとんどはそんなことは意に介さず、お好きなものをお好きな時に、という昔ながらの板前割烹のスタイルをお望みになっております。

本来、割烹というものは作り手が作りたいものをお出しするのではなく、召し上がるお客様が本当に食べたいものをお作りするという、この基本のベクトルを絶対に忘れてはならないものであります。私も自分でよく経験することでありますが、その時その場所で食べたくないものを食べさせられること程〝しんどい〟ことはございません。

料理屋が最も心得るべきは、その料理がそのお客様にとっての押し付け、押し売りにならないことであります。それを防ぐにはどうしたらよいか？ 常にその命題を心に刻まねばなりません。昔の御常連はとにかくよくいろいろな料理屋にお通いになり、その店の得手不得手をよく認識した上で、的外れのないご注文を自らオーダーなさいました。その点、料理人は素直にそれに応ずればよろしいわけで、そういう弊害が起こることはまず考えられない時代でございました。言ってみれば、美食観念、実体験においても遥かにお客様の方が料理人よりも高い見識を備えておられたということでございましょう。

こんなことを申し上げると大変不遜でおこがましいことでございますが、今は大勢のお客様がミシュランをはじめとしたガイドブックや、インターネットのグルメサイトなどを参考にしてご来店なさいます。料理屋の味の好みなどは本当に千差万別、まったく主観的なもので、そのお客様によって好き嫌いが存在するのは至極当然のことでございます。これを一まとめにして一律の評価基準で優劣を判断することには、私は甚だ疑義を抱いております。こういう風潮をよしとすれば、その評価に合すべく料理屋のオリジナリティが無くなり、ひと並びのいかにも多国籍日本料理といったような和洋折

浜作の象徴ともいうべき樹齢 350 年の総檜造りのカウンター席。

衷のお料理が主流となってしまいます。

今回ご披露いたします御贔屓丼の数々は、そのような今の料理界の風潮とはまったく無縁の時代に浜作をご愛顧頂きました折のエピソードでございます。皆様その道の頂点を極められた、正しく昭和という時代を代表するジャイアントでありまます。私が心より尊敬と憧れを抱くのは、生涯ある一つの志した道を貫かれ、絶対にその信念を変えられることがなかったという一点にあります。

ご披露する丼の中には、直接はお召し上がり頂くことのなかったお献立もございます。しかしながら、その偉業を偲び、なんとかこの単純なお料理をもってお人柄を表現いたすべく、全力を尽くしました。私は何がなんでもこういった有形・無形の大先達の志を何としても後世へ継承したいと心に念じている次第でございます。

御目怠いところも多々ございましょうが、何卒ご笑覧のほど乞い願い上げます。

マーロン・ブランド

浜作ご来店時のサイン

Marlon Brando（1924-2004年）
俳優。アメリカ生まれ。『欲望という名の電車』で世界的なスターに。『ゴッドファーザー』で2度目のアカデミー賞主演男優賞を受賞したが、受け取りを拒否。

映画史上に燦然と輝く『ゴッドファーザー』や『波止場』など数多くの名作に主演し、その圧倒的演技力で後世に多大なる影響を与えたマーロン・ブランド先生は「二十世紀最高の俳優」と称されております。

映画撮影のため、京都に滞在されたことがございました。その時、お茶の御点前をされたり、寺社仏閣を散策されたりと、大変京都をお気に召されたようであります。

当店で特別にご用意した近江牛の炭焼きを殊の外お気に召され、共演された京マチ子先生や清川虹子先生ら華やかな女優さんたちと賑やかにカウンターに陣取り、舌鼓を打たれました。

マーロン・ブランド先生はアメリカの人種差別政策に抗議し、映画俳優なら誰もが目標とし、その最高到達点とされるアカデミー主演男優賞を受けることをもきっぱりとお断りになりました。左様に、反骨の気概を持って自ら厳しい過酷な人生を歩み続けられた傑物であります。

手前どもにご来店の折は、誠に笑みを絶やさない和やかな御方で、その時お書き頂いた魚の絵をあしらった、なんとも茶目っ気のあるサインが残されております。

誠にあの時代、京都は日本のハリウッドと呼ばれ、大撮影所がそれぞれ活況を呈し、日が暮れると祇園町・木屋町・先斗町などの繁華街は数多の映画スターが行き来する、東京・銀座に引けを取らない最先端の社交場でございました。

重厚でダンディーな先生の面影を偲び、寛次郎先生の珍しい格子柄のお碗に、レアなステーキを盛り付けました。

献立

ステーキ丼
柚子バター
菊花蕪

河井寛次郎造 変わり格子文碗、黄彩皿
織部角切小皿
英国製錫ソルトボウル
葵紋菱型杯台

献立

ステーキ丼
柚子バター
菊花蕪

ステーキ丼

[材料] 4人分

牛肉（ステーキ用）…2枚
熱ご飯…小丼4杯分
塩、黒胡椒、濃口醤油…各適量
花山椒（42頁参照）　辛子

[作り方]

1　牛肉の両面に塩、黒胡椒をふる。

2　強火でフライパンを熱し、少し煙が出るくらい熱くなったところに、①の肉を入れる（写真）。

3　片面に香ばしく焼き色が付いたら裏返し、もう一面も同様に焼き色を付ける。

「火の通し加減はお好みですが、表面はしっかり焼き目を付けて香ばしく、中はミディアムレアぐらいが一番美味しく頂けます」。

4　切り身の表面が綺麗に見えるように、斜めに切る。

「切った断面が空気に触れることにより、お肉の赤色が鮮やかに綺麗になります」。

5　器に熱ご飯を盛り、④をのせる。上からお好みで生醤油をかけ、花山椒を散らす。別器で辛子を添える。

「濃口醤油味に一割のお出汁を加えれば、よりまろやかに角が取れます。花山椒の代わりに山葵でも結構です。あくまでもお肉に味を付けるのが目的で、ご飯に味を浸透させる必要はありません。お肉と白ご飯とのコントラストで美味しく召し上がれます」。

柚子バター

柚子は皮をむき、長さ1cmくらいに針のように細く切る。バターを練って柚子を加え、形を整える。ステーや丼にのせると美味しい。

菊花蕪

1　小蕪は皮を分厚く十文字にむいて切り目を入れ、菊花蕪にする（87頁参照）。

2　鍋に①を入れ、塩と水をかぶるくらいに加え、ことことと柔らかく煮る。

御贔屓丼話

ジョセフィン・ベーカー

Josephine Baker（1906-1975年）
フランスの女優・ジャズ歌手。アメリカ生まれ。「黒いヴィーナス」と言われた、黒人女性初の伝説的エンターテイナー。

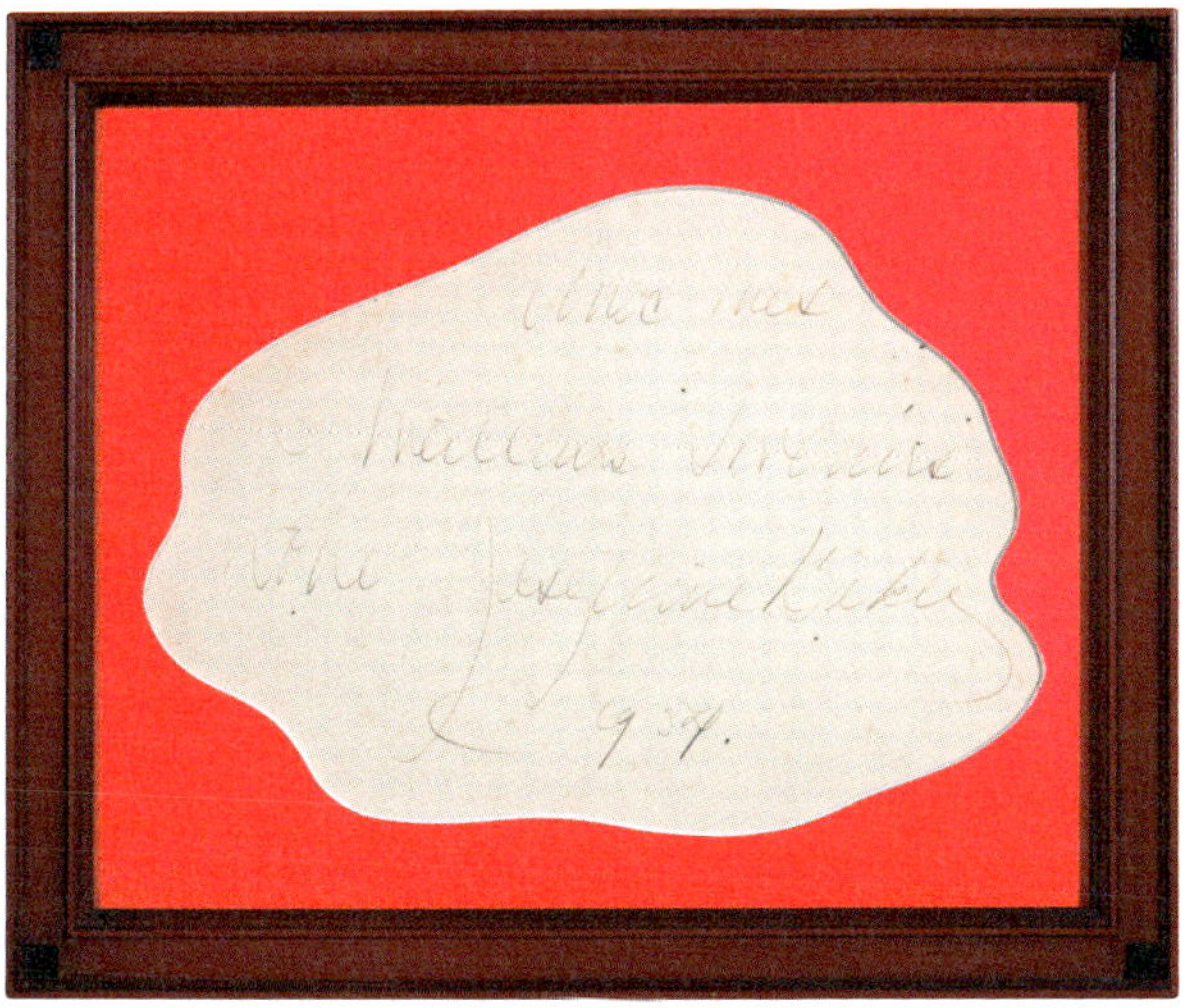

浜作ご来店時のサイン

黒いヴィーナスと謳われ、黒人として初めての世界的スターとなられたジョセフィン・ベーカー先生は、一九〇六年アメリカ・セントルイスでお生まれになりました。少女期は非常に貧しい環境の中、大変な御苦労をなさりましたが、研ぎ澄まされたセンスとリズム感と、その並外れた美貌とスタイルで、生まれ故郷のアメリカではなく、花の都パリで頭角を現し、たちまち時代の寵児となられました。

その当時のパリには、例えばピカソやヒューズなどの最先端の芸術家が集まり、彼らにとっての正に美の女神……「セックスシンボル」というような存在でした。文豪ヘミングウェイは「これまで見たことのある最もセンセーショナルな女性」と彼女を称賛したと聞きます。

大戦中はフランスのレジスタンス運動に携わり、驚くことに飛行士の資格も取得し、中尉の階級も得られておられます。この功績により、フランス政府からレジオンドヌール勲章をも授与されたという女傑であります。生涯を人種差別撤廃運動に捧げられ、多くの孤児を引き取ってお世話をなさったことでも有名です。

先生は一九五四年、来日を果たされ、東京をはじめ全国で公演を行われました。五月一日には京都・祇園の弥栄会館での公演後、浜作にご来店を頂きました。その時のサインが残されております。

本日は、当時お出ししましたかき揚げを丼としてご用意させて頂きました。

献立

とうもろこしと小海老のかき揚げ丼
冷製ポテトスープ

Pierre D'avesn 造 瓜型ガラス鉢
バカラ製馬上盃　玻璃金彩鳩型箸置　クリストフル製箸
エルメス製金箔トレー（以上すべて Antique Chocolat）

とうもろこしと小海老のかき揚げ丼

［材料］ 4人分

とうもろこし（蒸す）…1本
才巻海老（20g）…12尾
三つ葉…1束
小麦粉、天婦羅衣（110頁参照）…各適量
揚げ油…適量
割り醤油［出汁、薄口醤油各50cc
　酸橘搾り汁10cc　レモン搾り汁数滴］
熱ご飯…小丼4杯分
ふり柚子

［作り方］

1 とうもろこしの実を、面になるように包丁で削ぎ、2cm角の色紙切りにする。才巻海老は、蒸して殻を外し、ひと口大に切る。三つ葉は、葉の付いた部分を3cm長さに切る。これらすべてをボウルに入れて混ぜ合わせ、小麦粉をふりかけ、むらなくまぶす。「小麦粉はうっすら付くくらいの量が目安です」。

2 天婦羅衣は110頁を参照して作る。「粘りを出さないことが肝心です。混ぜれば混ぜるほど、また、熱をもつと粘りが出ますので、天婦羅衣すべての材料を冷やしておくことが大切です。ドロドロというよりはボタボタと落ちるくらいを目安にします」。

3 ①に②の天婦羅衣を加え、全体に薄く行きわたるようによく混ぜる。

4 小皿に薄く粉を打ち、③を隙間をもたせながら中高に広げ、165℃の油に滑り込ませるように入れる（134頁参照）。

5 一度裏返し、衣がカリッとするまで、じっくりと揚げる。

6 器に熱ご飯を盛り、かき揚げをのせる。割り醤油を回しかけ、ふり柚子で香りを添える。

冷製ポテトスープ

1 湯がいたじゃがいもは粗めに漉す。生クリーム、牛乳、コンソメスープを合わせたもので、少しずつ溶く。

2 冷たくしたスープを器に盛り、仕上げに菱柚子を添える。

棟方志功

棟方志功画「花絵の扇面」

むなかた しこう（1903-1975年）
板画家。青森県生まれ。版画を「板画」と称し、木版の特徴を活かした作品を作り続けた。文化勲章受章者。

言うまでもなく棟方志功先生は、日本が生んだ芸術家の中で、世界で最も有名な方のお一人ではないでしょうか。雪深い津軽のお生まれで、子どもの頃に見たゴッホの絵に感動し、「わだばゴッホになる」と言って絵の道に進む志を立てられた、というお話は至極有名でございます。その全身全霊で彫刻刀に集中され、板に絵を刻まれるご様子は、本当に何かの神様が乗り移ったかのような壮絶さでございます。

同じ民芸の志を深く共有されていた河井寛次郎先生は、初代よりの大の浜作贔屓でございました。そのお二人にバーナード・リーチ先生が加わられ、よくお食事にお立ち寄り頂きました。

現在のようにコースとして数多くのお品を順にお出しするのではなく、一品のボリュームをたっぷりと二、三品で完結いたしますのが本来の板前割烹の流儀でございます。志功先生などは有り合わせの肴をご飯の上に盛り込み、一気にかき込まれるといったような食べっぷりも、作品と同じく豪快そのものであったと聞き及んでおります。

誠の同志であられた河井寛次郎先生のお鉢に、その時のお丼を再現させて頂きました。

献立

ごちゃまぜ丼

河井寛次郎造 流し絵鉢

献立

ごちゃまぜ丼

ごちゃまぜ丼

【材料】４人分

海老…12尾　菜花…12本　貝柱…８個
どんこ椎茸べっこう煮（１０９頁参照）…８枚
厚焼き玉子…１枚
鯛の造り身（１０５頁参照）…20切れ
かけ醤油（酒２：みりん１：薄口醤油0.2を合わせたものを火にかけアルコールをとばす）…適量
塩、出汁（47頁参照）、薄口醤油…各適量
熱ご飯…小丼４杯分
木の芽　柚子

【作り方】

1 海老を茹でる。
「殻付きのまま茹でることで、身に綺麗な赤色が移ります」。

2 菜花はよく水洗いをし、熱湯に塩ひとつまみを入れた中で30秒程茹でる。
「冷水に落とすと色は鮮やかになりますが、せっかくの持ち味が流れてしまいます。本当の上質の菜花は少し長めに茹で、扇ぐように冷まし、お塩だけで召し上がっても美味しく頂けます」。

3 貝柱は、水分を取る。かけ醤油をかけ弱火で炙り、これを2回繰り返す。
「貝柱は非常に多く水分を含んでいるので、塩をすると水分が染み出てきます。下にペーパータオルを敷いておくとよいでしょう」。

4 熱ご飯に出汁と薄口醤油で少し味付けし、器に盛る。①、②を2cm長さ、③、どんこ椎茸、厚焼き玉子は1.5cm角に切り、鯛の造り身と共にご飯にのせる。木の芽を添え、柚子を搾る。

梅原龍三郎

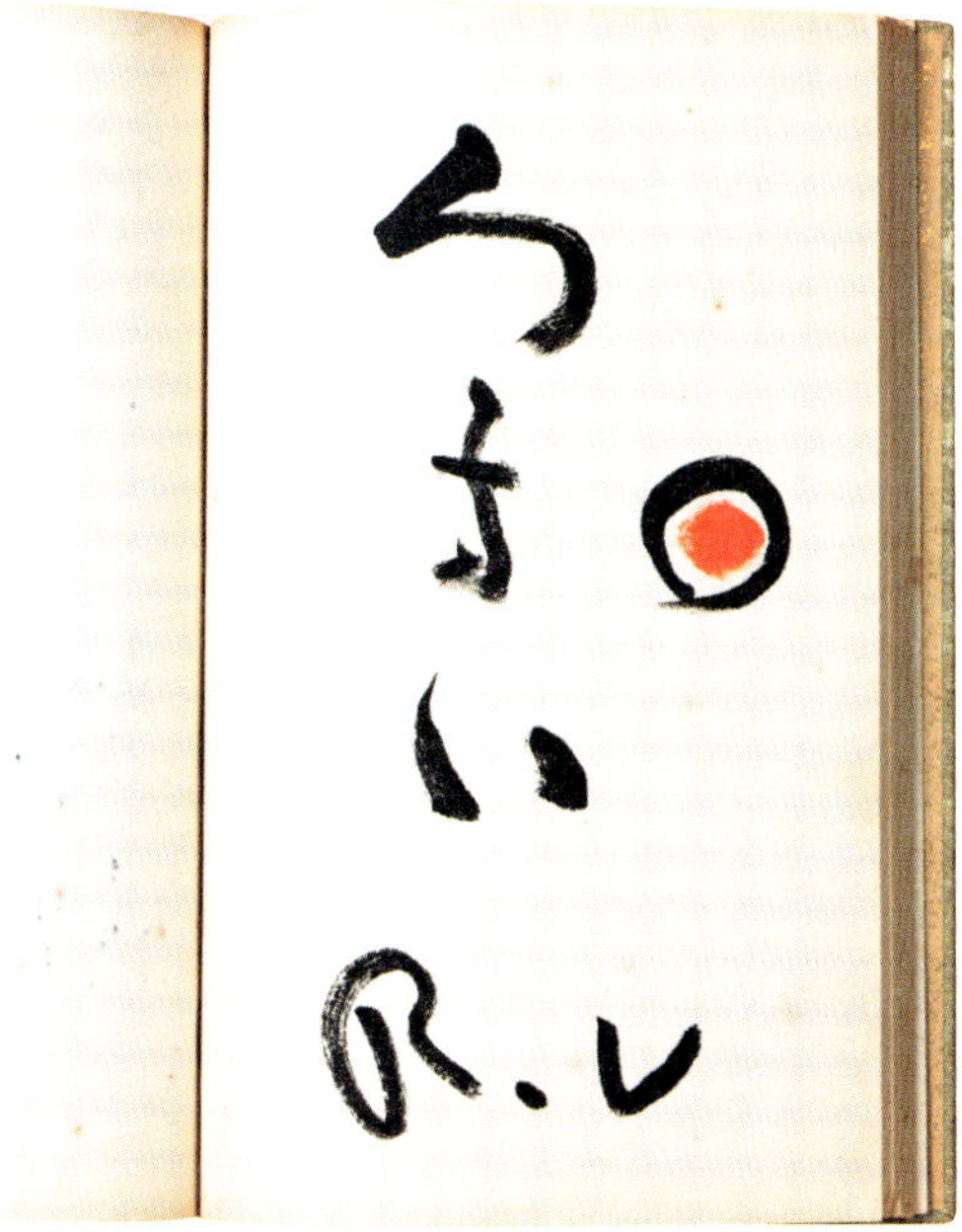

日本を代表する洋画家・梅原龍三郎先生の「うまい」というサイン

うめはら りゅうざぶろう（1888-1986年）
日本の洋画家。京都生まれ。帝国美術院（現・日本芸術院）会員、文化勲章受章者。安井曾太郎とともに洋画界の頂点を極め、「日本洋画壇の双璧」と謳われた。

意外とお思いでしょうが、梅原龍三郎先生は明治二十一年に京都の染物問屋のお家にお生まれになった、歴とした京都人でございます。青年期パリに留学なさって、ルノワールに直接指導をお受けになられ、帰朝後も帝国美術院会員、文化勲章受章など、数々の栄誉をお受けになり、九十七歳で大往生なさるまで、日本画壇において常にトップとして君臨なされました。

「ライオン」と異名をとるほど威厳に満ちたお姿は、小柄ながらも威風堂々、なんとも言えないオーラに満ち溢れた御方でございました。

先年亡くなられた女優の高峰秀子先生をお伴に、よくご来店頂きました。先生の大好物は、鰻でございます。当店の看板でありますところの鯛や鱧はそっちのけで、カウンターにお座りになるなり、「鰻、鰻」と仰ったことを覚えております。

柔らかい鰻は、東京で散々お召し上がりのはずでございますから、当店では天然ものを直火焼きにいたしまして、いつも二尾を並べてお出ししました。

「僕はねえ、もう歳だから好きな物しか食べている時間がないんだよ」と京都弁のアクセントで仰り、ニコッと微笑まれました。誠に王者の風格といった先生の佇まいを、今も鮮明に記憶いたしております。

献立

直火焼き鰻重

直火焼き鰻重

【材料】 4人分

天然鰻…8尾

一杯醤油［酒、薄口醤油各50cc］

たれ［酒100cc、みりん、濃口醤油各50ccを8割量まで煮詰めたもの］

熱ご飯…小丼4杯分

実山椒（42頁参照）

【作り方】

1 鰻は骨切りして串を打ち、皮目から直火焼きにする。焦げ目が付いたら裏返し、身にも焦げ目を付け、白焼きにする。「皮目七分、身三分といった具合で、皮がパリッとなるよう関西風に仕上げます」。

2 ①に一杯醤油をふって焼く。これを4回繰り返す。焼き上がったら3cm長さに切る。

3 器に熱ご飯を盛ってたれをかけ、②をのせる。実山椒を添える。

根来塗り四方角蓋物

御贔屓丼話

力道山

りきどうざん（1924-1963年）
日本のプロレスラー。大相撲の力士出身。戦後の日本のプロレス界の礎を築き、日本プロレス界の父と呼ばれ、絶大な人気を誇った。

その試合中継では、現在では到底考えられない平均視聴率六十四%という高い数字を常に叩き出していたといいますから、その人気の高さは正しく国民的大スターと言っても過言ではございません。必殺技の空手チョップによって外国人レスラーを次々と薙ぎ倒す力道山先生の勇姿に、敗戦で打ちひしがれた日本人の不屈の精神が甦ったかの如く、老いも若きも国民一丸となっての大旋風が巻き起こりました。

力道山後援会の会長を長らく務められた自民党副総裁・大野伴睦先生は、大の浜作贔屓でございました。その先生がご媒酌の労を取られ、一九六三年六月五日に盛大な披露宴を挙行されました。その新婦の花嫁衣装を誂えるため、当店二階の御座敷で川島織物の社長様が直々にお出ましになり、何十本もの豪華な金襴緞子の帯を披いて、一本をお選びになりました。

力道山先生はその折、古伊万里の大皿に盛られた六人前の「てっさ」をお箸でひとつまみにしてほんの数分で完食なさいました。最後の〆は、お決まりの雑炊では到底ご満腹になられるはずもなく、もう一本ふぐの身を捌いて、唐揚げにし、白子の白焼きを添えて大ぶりの丼に仕立てました。

力道山先生の豪快さに伍する寛次郎先生の海鼠角鉢でございます。

河井寛次郎造 海鼠角鉢

献立　ふぐ唐丼

ふぐ唐丼

【材料】4人分

ふぐ…1尾

ふぐの白子…1尾分

塩、片栗粉、小麦粉、揚げ油…各適量

熱ご飯…小丼4杯分

こうとう葱　ポン酢

【作り方】

1　唐揚げを作る。ふぐの上身とアラにド塩をし、薄く片栗粉をまぶして少しおき、さらに薄く小麦粉をまぶす。180℃の油できつね色になるまでよく揚げる。

2　ふぐの白子は、塩少々をふって焼き、焦げ目を付ける。

3　器に熱ご飯を盛って①、②をのせる。1.5cm長さに切ったこうとう葱を散らし、仕上げにポン酢をかける。

御鼎肩丼話

北大路魯山人

きたおおじ ろさんじん（1883-1959年）
京都生まれ。料理家・美食家として、美食の概念を打ち立てた。篆刻家・画家・陶芸家・書道家・漆芸家などのさまざまな顔を持つ。

現在はインターネットの普及で連日昼夜を分かたず、四六時中グルメ情報が巷に溢れ、ミシュランを代表とするグルメガイドブックなるものが次々と出版されるという、正に空前絶後のグルメ狂騒時代となっております。

白い炊き立てのお米さえあれば、それこそが一番の御馳走であった時代に、今日で言うところの「山海の珍味を厳選して料理技法を尽くす」＝「美食」という概念を、初めて打ち立てられたのが北大路魯山人先生でありましょう。

私は中学二年生の時、古書店で『魯山人著作集』という本に偶然出合いました。もちろん家業が料理屋であります関係上、物心ついてからは何かにつけて料理というものを意識していたことは確かでありますが、この時初めて将来自分が進むであろう道に、ぼんやりではありますが、何かしらの道標を認識したと思います。

その時、魯山人先生のことを親父に尋ねると、「魯山人先生とおじいちゃんは、何と言うか、まぁ言うたら喧嘩友達みたいなもんやったなぁ」と答えてくれました。

「天上天下唯我独尊」という先生の有名な揮毫がございます。まさに先生はこの言葉

浜作会800回記念の引出物として復刻した魯山人画の扇子。
原画は魯山人先生が浜作会100回記念のお祝いとして寄せられたもの

献立

炙り天茶

絵高麗蓋向付
片口猪口
バーナード・リーチ造 ティーポット

を地で行くワンマンであったと聞き及びます。これまた料理と技術に絶対の自信を持ち、自他共に名人を気取っておりました祖父とは、お互い「瞬間湯沸かし器」同士、カウンターを挟んで一触即発の、料理においての真剣勝負を行っていたということだと思います。しかしながら、何度も喧嘩になり絶縁状態になりましたが、また復縁するといった具合に、内心陰では敬意を抱いていたに違いないと私は思っております。その証拠に先生の書かれた文書に「浜作主人包丁一等」の文字が見えます。また、うちの店には数多くの先生の作品が現存いたしております。

月一回の美食会「浜作会」は、もうじき九百十九回を迎えますが、度々先生はその会に飛び入り参加なさいました。それに因んで、八百回記念の引出物には、先生の扇面図を「十松屋福井」さんにお願いして扇子を誂えました。

お献立は、一度揚げた海老の天婦羅を炭火で炙って余分な油を落とし、よりあっさりとした口当たりを求めるという魯山人風天茶でございます。

献立

炙り天茶

炙り天茶

【材料】 4人分

車海老（30g）…8尾

天婦羅衣（110頁参照）、揚げ油…各適量

熱ご飯…茶碗に軽く4杯分

山葵　ほうじ茶　生醤油

【作り方】

1 海老は頭と共に背ワタを抜いて殻をむき、腹側に切り目を入れ、背側から押さえて腰を折る。

「切り目を入れただけでは曲がってしまうため、尾から持ち上げた時にダラーンとなるように手で力を入れて押さえ、身の反発力をなくします。これを〝海老の腰を折る〟と言います」。

2 尾の先を切りそろえる。

「尾は袋とじのような状態ですので、そのままだと空気が膨張して油がはねてしまう恐れがあります」。

3 海老の尾を持って天婦羅衣を付け、175℃くらいの油に、泳がすようにふり入れる。

「油の中で泳がすようにすると余分な衣が取り除かれ、また、衣に接触する油が多くなるため、瞬時に固まり、さらにカラッとした衣が得られます。活海老は火の通りが90％でも十分大味しく召し上がることができます。冷凍海老の場合は、水気があるので打ち粉をし、また、火が通りにくいため、焦げないように165〜170℃でじっくりと時間をかける必要があります」。

4 揚がった③を、炭火もしくは魚焼き器で炙る。

「天婦羅は炙るのが〝魯山人風〟です。冷めた天婦羅や、市販のお惣菜のものでも、炙るとカリッとなります」。

5 器に対してごく少なめの熱ご飯を盛って④をのせ、山葵を添える。熱々のほうじ茶をかける。お好みで生醤油をたらしてもよい。

「ご飯は少なめで、お茶を多めにすると、美味しくお召し上がり頂けます」。

マルグレーテ女王

デンマーク・マルグレーテ女王（当時はマルグレーテ王女）浜作ご来店時のサイン

Margrethe Ⅱ（1940年-）
1972年即位。デンマークでは初の女王として、以降国家元首として公務に取り組む。

デンマーク王国マルグレーテ女王陛下が即位される以前、王女様だった一九六三年の十二月に京へ入洛なさいました。王女様は東洋美術にも大変造詣が深く、古美術商を見学なさるなど、師走の京の町に遊ばれました。その時、当店がお食事を差し上げるという光栄を賜りました。亡父が献立をいろいろと苦心いたしました記録が残っております。主菜にはサーモンの鍬焼きをご用意してお喜び頂いたと聞き及びます。

先年私は北欧へ旅し、コペンハーゲンとオスロの街を巡りました。週末には街の其処彼処でアンティーク市が開かれております。古いものを大切にするヨーロッパの伝統は、同じ志を持つ京都人の私にはどこか親近感を覚えるところがございます。

そこで、年代物のロイヤルコペンハーゲンを持ち帰りました。ハムレットの時代を彷彿させる重厚なお皿にサラダを、また抹茶茶碗のような蝶絵の器に佳日のサーモンを丼にして組み合わせました。

献立

サーモン丼
グリーンサラド

サーモン丼

［材料］ 4人分

サーモン…12切れ
酒、丼つゆ（18頁参照）…各大さじ4
塩、黒胡椒、片栗粉、小麦粉、サラダ油…各適量
バター…40g
熱ご飯…小丼4杯分
青柚子

［作り方］

1 サーモンの皮をはいで1～1.5cmの厚さに切り、塩、黒胡椒で下味を付ける。
2 ①に片栗粉を付けてはたいて3分程おき、小麦粉をしっかり付けてはたく。
3 フライパンを熱してサラダ油をひき、サーモンを焼く。一切れずつ丁寧に水で洗い（写真）、水気を取る。
4 フライパンに酒、丼つゆを入れ火にかけ、煮立ってきたら③のサーモン、バターを入れて2～3分煮詰める。
5 器に熱ご飯を盛り、④をのせ、柚子を散らす。

グリーンサラド　レタス、アスパラ、トマト

1 レタスは適当な大きさにちぎって水で洗い、アスパラガスはさっと湯がいて氷水に落とす。
2 ①の水気をきり、オリーブオイルとバルサミコ酢（白）で味付けをする。
3 トマトは底に十字の切り込みを入れて熱湯をかけて皮をむき、トマト全体にかぶるように甘酢を注ぎ、1時間程度漬け込む。②と共に器に盛る。

年代物の
ロイヤルコペンハーゲン
蝶絵碗、鳥絵皿
(Antique Chocolat)

吉川幸次郎、桑原武夫、貝塚茂樹、湯川秀樹　京都学派の方々

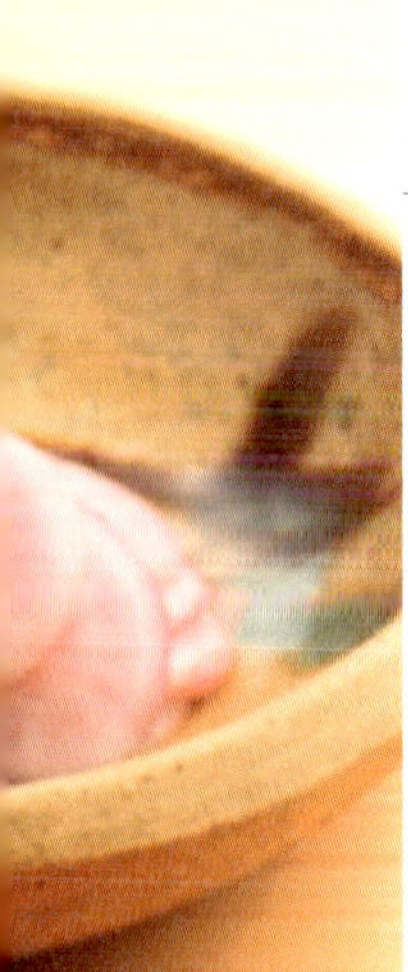

献立

玄米茶漬け
お漬物

京都は現在でも、全人口に占める大学生の割合が全国第一位を誇っております。伝統文化が息づく「古都」でありますと同時に、「学都」という言われ方もいたします。明治の学制構築以来、東の東京帝国大学と並び、その学都のヒエラルキーの頂点に君臨いたしますのが、西の京都帝国大学でありましょう。それこそ一中、三高、京大、とは、京都のみならず、関西での最高のエリートコースに他なりません。

浜作は二代に亘って、いわゆる、財界の御方にもたくさん御贔屓を頂きましたが、特筆すべきはこの京都学派の流れを汲む、御常連の学者の方々であります。ほぼ毎日のように、文系・理系を問わず先生方が、出版社のお偉方や編集者とカウンターに陣取られました。今となっては、愛蔵版の『ぎをん献立帖』で序文を書いて頂きました杉本秀太郎先生がその最後のお一人かもしれません。

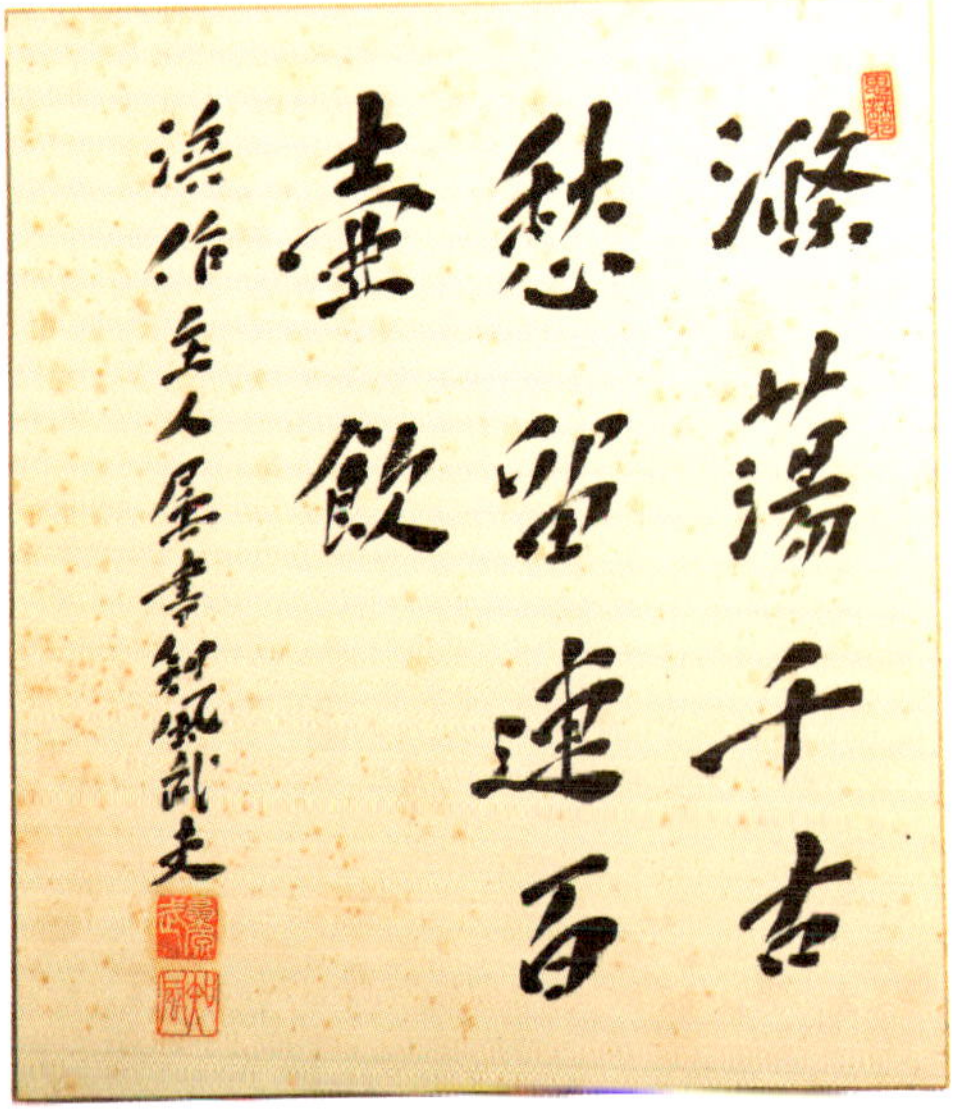

フランス文化・文学研究者として [illegible]
桑原武夫先生ご来店時の漢詩色紙

寺本守造 茶碗(伊藤園 本庄八郎蔵)
バーナード・リーチ造 井桁皿

私は二十代からカウンターに立たせて頂いたお陰で、これらの明治生まれの碩学泰斗のお歴々に直にお料理をお出しする幸運を得ました。この経験は私にとりまして、何にも代え難い珠玉の思い出でございます。

皆様それこそ天皇陛下にご進講をあそばされるような「学者の中の学者」と言われる大巨人ではおられましたが、その会話は京都人独特のユーモアと洒脱に溢れ、常に笑いの絶えない和やかな、いわばサロンのようなものでございました。

この四人の先生がお集まりの時、どなたかの血糖値が高くなったので、桑原先生が「白いご飯はやめて、一回玄米を食べてみたらどうですか。その方が急に血糖値が上らへんらしいで」と仰いましたので、次回のご来店時に、最後のお食事はあえて玄米ご飯をご用意しました。その時、皆様口を揃えて「こらあかんわ。やっぱり玄米は美味しないなぁ。どないしょう」と仰いました。そこで、苦肉の策でお茶漬けにして、なんとか無理やりにでもお口に流し込まれました。その時の親父と先生方のやり取りがなんとも軽妙で面白く、親父は亡くなるまで「あの時は困ったなぁ」と繰り返し話しておりました。

献立

玄米茶漬け
お漬物

玄米茶漬け

[材料] 4人分

玄米…2合　水…適量
塩昆布、山葵、焼海苔、
　煎茶、抹茶の粉…各適量

[作り方]

1　底の平らなボウルに玄米と玄米の量の4〜5倍の水を注ぎ、白ご飯（94頁参照）と同様に研ぐ。研ぎ汁を捨て、新しい水に最低2時間以上浸ける。大きめのザルにあけて15分程乾かす。
「炊く前にお米を乾かしておくということが、水分の吸収を滑らかにし、芯の残らない、ふっくらとしたご飯を早く炊き上げるための第一の必要条件であります」。

2　土鍋に①を入れ、玄米（浸水、乾燥後の）分量よりカップ1多い量の水を加え、蓋をして弱火に30分かけたのち、強火に10分かける。

3　一度蓋を取って、杓文字で丁寧に底から間に空気を入れるようにふんわりとかき混ぜ、20分蒸らす。

4　器に③の玄米ご飯を盛り、塩昆布と山葵、焼海苔をのせる。食べる直前に、煎茶に抹茶を溶き入れた熱々のお茶をかける。
「煎茶に少し抹茶を溶き入れ、色と風味を際立たせます」。

お漬物

日野菜の漬物、沢庵は、食べやすい大きさに切り、昆布と共に器に盛る。

菊池 寛

昭和 22 年、京都競馬場にて、初代浜作主人・森川栄と愛馬フクトモ号

『父帰る』や『恩讐の彼方に』、『真珠夫人』など数々の名作を世に残された菊池寛先生は、作家というだけでなくジャーナリストとしても、また実業家としても特筆すべき才能を発揮されました。「文藝春秋」の創業者でもあられた先生は、常に時代の最先端を行く進取のセンスと反骨の気概を兼ね合わせた、いわゆる〝文壇の大立者〟と呼ばれる方であります。ご承知の通り、芥川賞と直木賞を創設なさり、文学を志す後進にも道を開かれました。

一方、『日本競馬読本』をお書きになり、それまでは特権階級専有の娯楽であった競馬を一般にも汎められました。

手前ども浜作は、日本での競馬の生みの親と呼ばれる有馬伯爵が大の御贔屓であり、そのご縁で、戦前から京都競馬場の一番館（馬主専用）に特別食堂を構えておりました。また、初代主人自身も六頭もの競走馬を所有しておりました。馬主として、料理道以外の人生をほとんど馬に費やしたといっても過言ではありません。

文士の中でも世話好きで親分肌であった菊池寛先生とは、それこそ〝ウマ〟が合ったのか、大変ご厚誼を頂き、川端康成先生をはじめとして、後の御常連となって頂く数々のお客様をご紹介頂きました。先生と前脚と後脚の二本ずつ、サラブレッドを共有していたことが、生涯祖父の一番の自慢でございました。

元々は「文藝春秋社」におられ、菊池寛先生の勧めで喜劇界で一世を風靡なさった古川緑波先生と、これまた先生とお親しかった新派の人間国宝・喜多村緑郎先生との同じ「緑」のお名前繋がりで寄せ書きをされた赤楽のお碗に、すべて一流品好みであった先生を偲び、唐墨とキャビアを組み合わせ、「デカダンス丼」と名付けました。

きくち かん（1888-1948年）
小説家、劇作家、ジャーナリスト。香川県生まれ。文藝春秋社を創設。
日本文藝家協会を設立、芥川賞、直木賞の設立に貢献した。

献立

唐墨とキャビアのデカダンス丼

唐墨とキャビアのデカダンス丼

【材料】 4人分

唐墨…½本
キャビア…10g
くわい…2個
揚げ油…適量
熱ご飯…小丼4杯分
山葵の葉(湯がく)

【作り方】 4人分

1 くわいは六角に皮をむき、少し厚みを持たせてスライスし、ペーパータオルの上で水気をきりながら2〜3時間乾かす。低温の油できつね色に揚げる。

2 唐墨をごく弱火で炙って両面を乾燥させ、粗目の裏ごしで粒状にばらばらにする。

3 ②の唐墨粉を熱ご飯にまぶして器に盛り、①のくわい煎餅にキャビアをのせたものと山葵の葉をのせる。

古川緑波先生の筆による「緑」の文字

古川緑波・喜多村緑郎 寄せ書き赤楽碗

イヴ・モンタン

「枯葉」という曲はシャンソンというジャンルを超え、全世界の人々に愛された二十世紀を代表する名曲であります。イヴ・モンタン先生はこの曲の大ヒットにより、一躍スターダムに躍り出ることとなられました。歌手だけではなく、映画俳優としても『恐怖の報酬』、『さよならをもう一度』、『グラン・プリ』など数多くの名作の中で圧倒的な存在感を示されております。当時、最も魅力のある大人の男性として、世界中の女性を虜となさいました。かのマリリン・モンローとのロマンスも夙に有名でございます。

昭和三十六年に映画撮影のため来日され、京都にも滞在されました。その時、浜作にもご来店頂き、サインを残されております。来日以来、ずっと洋食とお肉が続いていたとお聞きいたしましたので、祖父がご用意いたしましたのが、鰈のバター焼きでございます。これをフランスのドームのガラス鉢に丼として設えました。何か先生の傑作「枯葉」のイメージを連想して頂けるのではないかと自負いたしております。

イヴ・モンタン先生、浜作ご来店時のサイン

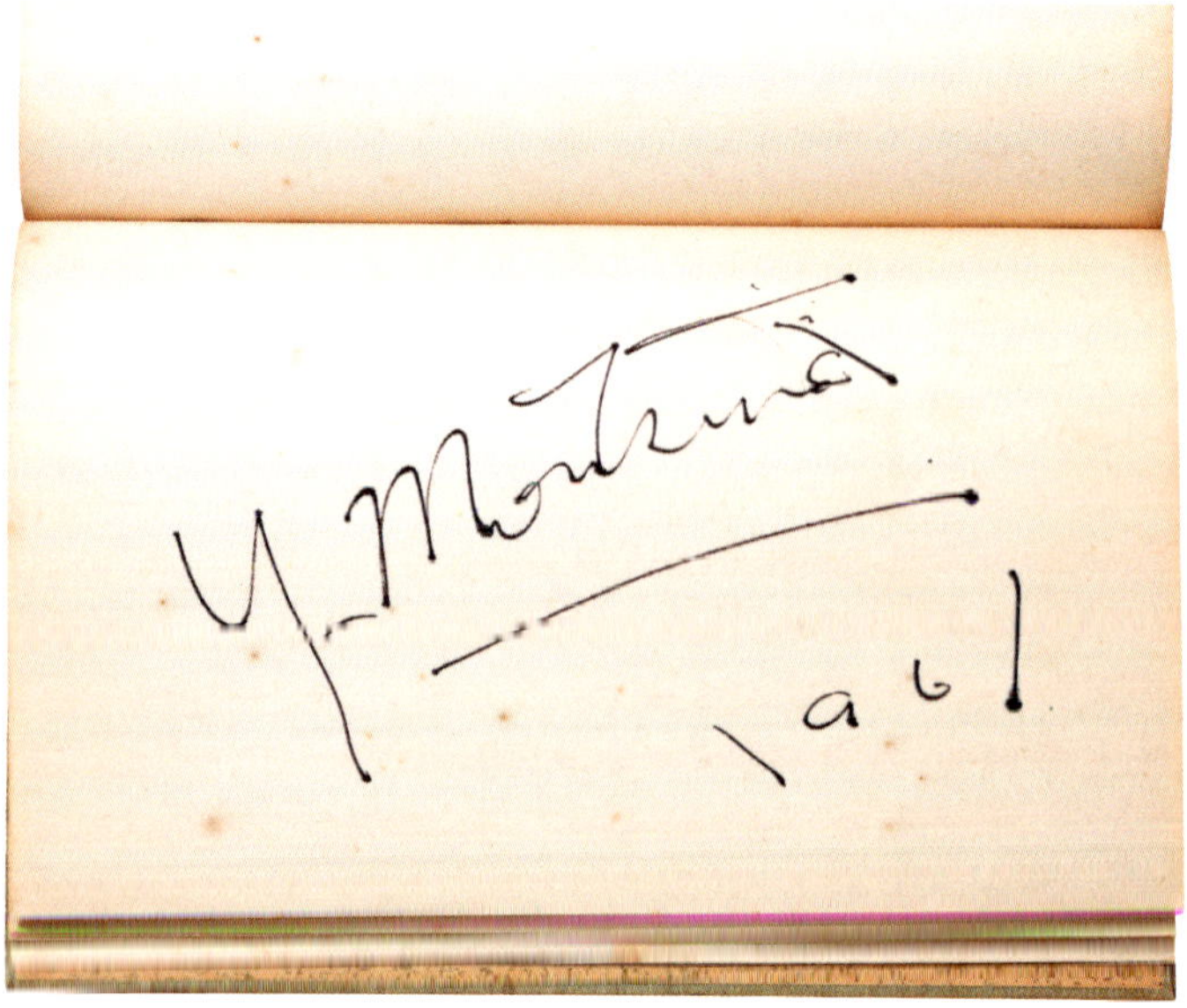

Yves Montand（1921-1991年）
俳優、シャンソン歌手。イタリア出身。フランスの国民的歌手として「枯葉」などの名唱を残す。

フランス ドーム製ガラス鉢
(Antique Chocolat)

献立

鰈のムニエル きのこ添え丼

鰈のムニエル きのこ添え丼

【材料】4人分

目板鰈…2枚
しめじ…1パック
椎茸…4枚
オリーブオイル…適量
バター…20g
塩、片栗粉、小麦粉、
　薄口醤油、実山椒、酒…各適量
熱ご飯…小丼4杯分

【作り方】

1　フライパンにオリーブオイル大さじ1を熱し、しめじ、椎茸を少し焦げ目が付くまで焼く。

2　目板鰈に塩をふって水気を除く。薄く片栗粉をまぶして水分を吸収したら、小麦粉を薄くまぶす。

3　フライパンに少量のオリーブオイルとバターを熱して鰈を皮目から焼き、裏返して両面こんがりと色よく焼く。

4　器に熱ご飯を盛り、③の鰈をのせる。フライパンに残ったバターに①のしめじと椎茸を絡め、鰈に添える。

5　④のフライパンに残ったバターに薄口醤油、実山椒を加え、酒少々をたらして煮詰め、④の上にかける。

四季の豪華丼　材料と作り方

春―伊勢海老と筍の寿老丼…4頁参照

［材料］1人分

伊勢海老…1尾
筍(土付き)…1本
美味出汁(172頁参照)…100cc
みりん…15cc　薄口醤油…20cc
出汁溶き葛…適量　酒…少々
出汁…200cc　薄口醤油…5cc
熱ご飯…小丼1杯分
木の芽

［作り方］

1 筍は土をよく洗い落とし、穂先を切って浅く皮に切り目を入れ、皮をむく。根元側面の硬い部分を削ぎ取る。大きな鍋に入れ、水から湯がく。湯に色が付いたら湯を替え、これを3回繰り返し、2

夏―鮑とじゅんさいのさざ波丼…5頁参照

［材料］1人分

鮑、雲丹…各1杯
じゅんさい…適量
土佐醤油(172頁参照)…適量
塩…適量
熱ご飯…小丼1杯分
山葵　青柚子

［作り方］

1 鮑を殻から外す。
「ナイフやおろし金の柄のような、先の平坦なもので外すと、身が傷つきません」。

2 鮑の肝を外し、塩を入れた湯でしっかり湯がく。冷水に落とし、裏ごしする。

3 鮑の身に、波が打つように包丁を

秋―紅葉ふきよせ丼…6頁参照

［材料］1人分

松茸…1本　銀杏…5個
甘栗…2個
焼き唐墨(片面焼き)…3枚
酒…100cc
みりん、濃口醤油…各10cc
塩…適量
熱ご飯…小丼1杯分
軸三つ葉（さっと湯がく）

［作り方］

1 松茸は汚れをふいて食べやすい大きさに切り、酒、みりん、濃口醤油でさっと早煮にする。

2 銀杏は殻と薄皮を除き、塩をたっぷり入れたフライパンで塩煎りにする。

冬―鴨と九条葱の丼…7頁参照

［材料］1人分

真鴨ロース・½枚　九条葱…1束
せせり身たたき…20g
酒、丼つゆ(18頁参照)…各適量
熱ご飯…小丼1杯分
出汁溶き葛…適量
おろし生姜

［作り方］

1 真鴨ロースは薄切りにする。鍋に酒40ccと丼つゆ35ccを煮立たせ、鴨ロースを入れ、最低限火を通す。
「鴨は、火を通し過ぎると硬くなり、美味しくありません。火の通り具合には細心の注意を払う必要がございます。煮汁が温まってから鴨を入れることで、火が通り過

〜3時間、竹串が抵抗なく通るようになるまで茹でる。「ぬかを加えると、ぬかの臭いが移ります。鮮度のよい筍は入れなくても大丈夫です。また、湯の変色がアクが抜けているサインです。真水で湯がくことによって、最終的に色が出なくなり、アクが抜けたことを確かめることができます」。

2 茹で上がった筍の側面に格子状の切り目を細かく入れ、縦に四つ切りにする。

3 伊勢海老は胴と頭を切り離す。胴はお湯に通して冷水に落とし、殻を外す。頭は湯がいて味噌を外し、冷水で綺麗に殻を洗う。

4 美味出汁に、みりん、薄口醤油、③で外した味噌を加えて煮立たせる。切り目を入れた伊勢海老の身を入れ、八分通り火を通す。出汁溶き葛を加え、とろみが付いたら酒を加える。

5 ②の筍を、出汁と薄口醤油でさっと炊く。

6 器に熱ご飯を盛り、③の伊勢海老の頭と④の身、⑤の筍をのせる。④の汁をかけ、木の芽を添える。

入れる。「これを波包丁と言います」。

4 じゅんさいは、さっと湯通しして冷やし、ザルに上げ、氷水にあてて冷やし、殺菌する。

5 ②の肝を土佐醤油で溶き、肝醤油とする。

6 器に熱ご飯を盛り、鮑、雲丹、じゅんさい、山葵をのせる。肝醤油をかけ、柚子を添える。「山葵と土佐醤油のあっさり風味をご堪能くださいませ」。

「中火でフライパンを揺すりながら気長に煎ります」。

3 器に熱ご飯を盛り、松茸、唐墨、銀杏、甘栗をのせ、軸三つ葉を添える。

ぎるのを防ぐことができます」。

2 九条葱は、3cm長さに切る。

3 せせり身たたきはひと口大の団子状にし、九条葱と共に煮立たせた丼つゆに入れ、火を通す。

4 器に熱ご飯を盛り、真鴨ロース、せせり身たたきの肉団子、九条葱をのせる。

5 ①の煮汁を沸かし、酒、出汁溶き葛を各少々加え、煮詰めてとろみを付け、④にかける。おろし生姜を天盛りにする。

本庄様お好み親子丼　材料と作り方

12頁参照

【材料】4人分

鶏もも肉…½枚
全卵…4個　卵黄…4個
美味出汁（172頁参照）…160cc
丼つゆ（18頁参照）…32cc
三つ葉（ざく切り）…½束
鶏そぼろ（25頁参照）…鶏ミンチ250g分
熱ご飯…小丼4杯分
実山椒（42頁参照）

【作り方】

1 鶏肉は薄くそぎ切りにし、正調親子丼（18頁参照）と同様に美味出汁と丼つゆで煮、三つ葉を散らして卵でとじる。

2 器に熱ご飯を盛り、①と鶏そぼろをのせる。中央に卵黄をのせ、実山椒を散らす。

粽の巻き方

74頁参照

「い草を等間隔に、さらにい草が裏返らないように巻くのは難しく、コツが要ります」。

1　熊笹の葉3枚を、裏を内側にし、根元を重ねて扇形に広げた上に円錐状にした具をのせる。

「熊笹の葉は裏を内側にすることで具の乾燥を防ぐことができ、艶のある表を外側に仕上げることができます。具は葉の根元ギリギリではなく、根元から少し離した位置に置きます」。

2　右手親指で葉の根元を押さえ、葉の外側に左手のひらを添え、絞るように巻き上げる。

3　具の端まで巻けたら、葉の上部を3回折り返す。

4　人差し指と中指でい草をはさみ、葉の端を三重に巻く。

5　左手で粽を回転させながら右手でい草を巻いていく。

6　先端に向かうにつれ、徐々にい草の間隔を狭めていく。

7　最後は10cm程残るまで巻き込み、三重に結ぶ。

8　熊笹の茎を2cm程残して切り、形を整える。

美味出汁

［材料と作り方］ 作りやすい分量

鍋に水1.4ℓ、みりん１００cc、薄口醤油80cc、濃口醤油20cc、砂糖大さじ1、昆布約20gを合わせて弱火にかける。20分くらいかけて徐々に温度を上げて、昆布の旨味を引き出す。沸騰する直前に鰹節40gを鍋満面にふり入れて火を止め、そのままゆっくりと冷ましてから漉す。

土佐醤油

［材料と作り方］ 作りやすい分量

濃口醤油1.8ℓ、酒１８０ccを火にかけ、アルコール分をとばす。鰹節50gをふり入れ、冷ましてから漉す。

「この時、決して炊き過ぎないようにしてください。炊き過ぎると煮詰まってしまいます」。

土佐酢

［材料と作り方］ 作りやすい分量

鍋に水、酢各４００cc、みりん、薄口醤油各１００cc、砂糖小さじ1、昆布約15gを合わせて弱火にかける。20分くらいかけて徐々に温度を上げて、昆布の旨味を引き出す。沸騰する直前に鰹節30gを鍋満面にふり入れて火を止め、そのままゆっくりと冷ましてから漉す。

素材別 丼索引

あとがき

読者の皆様におかれましては『ぎをん 丼手習帖』をお買い求め頂き、誠に有難うございます。心より御礼申し上げます。

この本の企画のそもそもの発端は、愛蔵版の『ぎをん献立帖』を御覧になった、長年の御贔屓であられます「伊藤園」の本庄会長様が、「今度はいっぺん丼の本を作ったら大変面白いんじゃないですか」と仰った一言に始まりました。そこで、前作とは一味違って、今作は「丼」に焦点を当てさせて頂きました。

実を申しますと、はじめは、丼だけで果たして一冊の本が出来上がるのだろうかと、危惧と不安でいっぱいでございました。私も大学を出てこの道に入りまして、今年で丸三十年となりました。そこで、今までの記憶を辿り、一度でも作ったことのある丼を列記いたしましたところ、意外にも百を超えることが判りました。つまり、かなりの数の丼を作っていたにもかかわらず、何故かあまり認識を深く持たなかったということでありましょう。皆様お召し上がりになる方も同様のことが当てはまり、国民食とも言える程の最も身近なこの「丼」というお料理に、今までスポットライトが当たることがなかったということでありましょう。

先日、あるお食事会で女優の檀ふみさんとお会いすることがありました。檀ふみさんはご承知の通りお料理・器に大変造詣が深く、私の本も熱心に読んで頂き、色々とご意見を頂戴しております。「今度のご本は何がテーマでございますか?」とご質問なさったので、「今度は丸ごと一冊、丼尽くしでございます」とお答えしましたところ、「それは素晴らしいですね。浜作さんが丼をお作りになると、どんな風になるのか。ものすごく興味があります」と仰って頂きました。正しくこのお言葉の通り、この丸一年、「丼、ドンブリ、どんぶり」のイメージが頭から離れることはなく、ご期待に沿うべく工夫を巡らせました。

夏が過ぎまして、ようやくぼんやりとした案が固まり、店中にある丼に向く、あるだけの器を広間に並べて思案を重ねました。しかしながら絶対的に数が足りません。そこで、清水焼の叶 松谷先生にご相談し、お抹茶茶碗を主に、三代に亘る御作品をお借りいたしました。もちろん、祖父・親父からの旧蔵の寛次郎先生や魯山人先生、水楽さんの代々の

「いろは…」の文字を刻んだ自作の器

新本店 サロン・ド・浜作・アンティディレッタント

器にも盛り付けました。「馬子にも衣装」の言葉の通り、誠に手前味噌ながら、どこにもない面白いものが出来上がったと自負いたしております。

前作に引き続き、世界文化社・井澤豊一郎様には、この本の企画と編集に御骨折り頂き、これまた前作に引き続き、株式会社バンズの萬眞智子様、アシスタントの林 由香理様には全面的にお力添えと御指導を賜りました。今回お写真はすべて大道雪代様にお願い申し上げました。誠に女性らしい繊細さと持ち前の大胆さを兼ね合わせた素晴らしいお写真を撮って頂きました。改めて心よりの感謝と御礼を申し上げる次第でございます。

器に関しましては、先述の通り、叶松谷先生にはひとかたならぬ御協力を仰ぎ、また、元民芸協会会員の村井源一様にも御指導・御協力を頂きました。重ねて御礼申し上げます。

数ある人生の中で、自身の著書を上梓できるなどという千載一遇の機会を与えられる人間が何人いるでしょうか。この望んでも叶わない至上の幸運を二度も得ました私は、本当に幸せ者でございます。

我が浜作が創業以来九十六年、三代に亘り、暖簾を掲げ続けられるのは、言うまでもなく、ひとえに御贔屓皆々様のお陰でございます。また、もう一つは、亡父亡き後三十余年に亘り、懸命に私を支え続けてくれた母、姉をはじめ、スタッフ一同のお陰でございます。改めて、心よりの感謝と御礼を申し上げる次第であります。

末筆ながら、そもそものきっかけをお作り頂きました本庄会長様に、重ねて心よりの尊敬と感謝を捧げる次第でございます。

未歳 初夏 大安吉日

三代目浜作主人 敬白

著者紹介
森川裕之 もりかわ・ひろゆき

京都を代表する板前割烹「浜作」のご主人。「浜作」は日本最初の板前割烹で、現当主は三代目にあたる。美術や音楽をこよなく愛する森川氏が、河井寛次郎などの知られざる名品に盛り込んで供する料理は、眼福、至福の一言に尽きる。「古都の味 日本の味 浜作」と、かの大作家、川端康成を嘆息させた名店の味を守り、一期一会の精神で日々板場に立っている。

[浜作]
京都市中京区新町通六角下ル六角町360
電話 075－561－0330

大女将 森川洋子
武中貴代
女将 清水まゆ美
料理アシスタント：安江洋造 石田時光
石村隆洋
セクレタリー：高岡里衣 守谷有香
教室アシスタント：松山依子 森田紀恵
下村彩菜 前田絢奈

協力／[株式会社伊藤園]本庄八郎
叶 松谷
村井源一
奥村百代
[Antique Chocolat]山根有美子

撮影――大道雪代
デザイン――小井詰哲也
編集――井澤豊一郎
萬眞智子 林 由香理[株式会社 バンズ]
校正――株式会社 円水社
DTP製作――株式会社 明昌堂

和食の教科書
ぎをん丼手習帖

発行日――2015年6月20日 初版第1刷発行
2022年10月15日 第3刷発行

著者――森川裕之
発行者――竹間 勉
発行――株式会社 世界文化ブックス
発行・発売――株式会社 世界文化社
〒102－8195
東京都千代田区九段北4－2－29
電話 03－3262－5117(編集部)
03－3262－5115(販売部)
印刷――凸版印刷株式会社
製本――株式会社大観社

ISBN978-4-418-15309-1